Minoru Honda
Beiträge zur Geschichte des japanischen Strafrechts

Juristische Zeitgeschichte
Abteilung 1, Band 25

Juristische Zeitgeschichte
Hrsg. von Prof. Dr. Dr. Dr. h.c. Thomas Vormbaum
(FernUniversität in Hagen, Institut für Juristische Zeitgeschichte)

Abteilung 1:
Allgemeine Reihe
Hrsg. von Prof. Dr. Dr. Dr. h.c. Thomas Vormbaum

Band 25

Redaktion: Simone Walkowiak

De Gruyter

Minoru Honda

Beiträge zur Geschichte des japanischen Strafrechts

De Gruyter

Prof. Dr. Minoru Honda ist Inhaber des Lehrstuhls für Strafrecht
an der Ritsumeikan-Universität Kyoto/Japan.

ISBN 978-3-11-068275-5
e-ISBN (PDF) 978-3-11-068431-5
e-ISBN (EPUB) 978-3-11-068441-4

Library of Congress Control Number: 2019957165

Bibliografische Information der Deutschen Nationalbibliothek

Die Deutsche Nationalbibliothek verzeichnet diese Publikation in der Deutschen Nationalbibliografie; detaillierte bibliografische Daten sind im Internet über http://dnb.dnb.de abrufbar.

Druck und Bindung: CPI books GmbH, Leck

www.degruyter.com

Vorwort

この本は、戦前の日本刑法理論史に関する私の研究をまとめたものである。それをドイツ語によって公表できることを嬉しく思う。多くの人々から批判と疑問が出されることを心から期待している。

本書に収められた論文は、元々は日本語で書かれた。それを読み、ドイツ語に翻訳したのは、ソフィア・ミュラー女史である。このフランクフルト大学の日本研究者がいなければ、私の研究がドイツ語で公表されることはなかったであろう。彼女に深く感謝する。

戦前の日本刑法史を研究するための方法には、様々なものがある。その方法を探し続けてきた。私が強く惹かれたのは、ヴォルガング・ナウケ教授のナチ刑法研究であり、トーマス・フォルンバウム教授のドイツ刑法史研究である。彼らの考察方法に学びながら、自分の頭で考えた結果をまとめたのが本書である。この研究に対する責任は全て私にあるが、２人の教授に対して感謝せずにはいられない。

私は、本書を公表するために、ハーゲン通信大学の現代法史研究所から多大なる援助を受けた。所長のフォルンバウム教授には重ねて感謝を申し上げる。本書が同研究所の研究成果の１部として公表されることは、私の最大名誉である。

Dieses Buch fasst meine Forschungen zur Theoriegeschichte des japanischen Strafrechts vor dem Zweiten Weltkrieg zusammen. Ich freue mich, es in deutscher Sprache veröffentlichen zu können, und hoffe aufrichtig, daß viele Menschen sie kritisieren und in Frage stellen werden.

Die in diesem Buch enthaltenen Aufsätze wurden ursprünglich auf Japanisch verfasst. Es war Frau Sophia Müller, die sie las und ins Deutsche übersetzte. Ohne die Mitwirkung dieser Frankfurter Japanologin wären meine Forschungen nicht auf Deutsch veröffentlicht worden. Ich danke ihr ganz herzlich.

Es gibt verschiedene Methoden, die japanischen Strafrechtsgeschichte vor dem Zweiten Weltkrieg zu studieren. Ich habe nach Wegen gesucht, das zu tun. Was mich stark anzog, war die Forschung von Herrn Prof. Dr. Wolfgang Naucke über das NS-Strafrecht und die von Herrn Prof. Dr. Dr. Dr. hc. Thomas Vormbaum zur modernen deutschen Strafrechtsgeschichte. Während ich ihre Forschungs-

https://doi.org/10.1515/9783110684315-001

methode anwandte, habe ich mir zugleich eigene Gedanken über die Entwicklung der japanischen Strafrechtsgeschichte in der Kriegszeit gemacht. Die Ergebnisse sind in diesem Buch zusammenfasst. Ich bin allein für diese Forschung verantwortlich, aber ich kann nicht umhin, den beiden Professoren zu danken.

Ich habe viel Unterstützung vom Institut für juristische Zeitgeschichte der Fern-Universität in Hagen erhalten, um dieses Buch zu veröffentlichen. Ich möchte Herrn Professor Dr. Dr. Dr. hc.Vormbaum, dem Direktor des Instituts, meinen Dank aussprechen. Es ist mir eine große Ehre, daß dieses Buch als Teil der Forschungsergebnisse des Instituts für juristische Zeitgeschichte der FernUniversität Hagen veröffentlicht wird.

Kyoto, im Dezember 2019 *Minoru Honda*

Inhaltsverzeichnis

100 Jahre japanisches Strafgesetzbuch: Das japanische Strafrecht in Zeitgeschichte und Gegenwart

1. Vorwort

Das Thema, das ich behandeln will, ist die theoretische Geschichte des japanischen Strafrechts. Das geltende Japanische Strafgesetzbuch wurde 1907 verabschiedet und 1908 in Kraft gesetzt. Bis heute hat es in seiner hundertjährigen Geschichte keine größere Reform erfahren. Gibt es wohl ein anderes Strafgesetzbuch, das von sich behaupten kann, eine hundertjährige Geschichte ohne größere Reform überstanden zu haben? Es geht mir aber weniger um die Frage, ob hundert Jahre eine lange Zeit für ein Strafgesetzbuch bedeuten; es geht mir auch nicht darum, ob die Japaner auf diese lange Geschichte stolz sein können. Mir geht es vielmehr darum, welchen Charakter diese hundertjährige Geschichte des japanischen Strafgesetzbuches und der japanischen Strafrechtswissenschaft besitzen.

In diesen hundert Jahren gab es verschiedene einschneidende Vorgänge in Japan: die Zeit der Kolonialpolitik gegenüber China und Korea; zwei Weltkriege; Wirtschaftswiederaufbau nach dem Zweiten Weltkrieg; Aufstieg in eine führende Position in der Weltwirtschaft als Verbündeter Amerikas. Die hundertjährige Geschichte kann durch verschiedene Ereignisse charakterisiert werden; dass das Strafgesetzbuch in dieser Zeit nahezu unverändert geblieben ist, bedeutet, dass es eine flexible rechtsnormative Struktur besitzt, die sich der sich verändernden Gesellschaft anpassen konnte, denn Strafrecht und Strafrechtswissenschaft sind abhängig von alltäglicher Politik und gesellschaftlichen Forderungen. Wie ist ein derartiges Strafgesetzbuch und eine derartige Strafrechtswissenschaft zustande gekommen? Ich will im Folgenden die strafrechtliche Situation vor dem Zweiten Weltkrieg darstellen und sodann die gegenwärtige Situation des Strafgesetzbuchs und der Strafrechtswissenschaft betrachten.

2. Strafgesetzbuch und Strafrechtswissenschaft im Widerspruch der gesellschaftlichen Modernisierung

Um den Grundcharakter des japanischen Strafgesetzbuchs und der Strafrechtswissenschaft zu verstehen, muss man den Wandlungsprozess vom Strafgesetzbuch von 1880 zum Strafgesetzbuch von 1907 kennen. In der zweiten Hälfte des 19. Jahrhundert brachen das Tokugawa-Shogunat und seine Regierung unter dem Druck der Erweiterung und Globalisierung der Weltkapitalismus und unter

https://doi.org/10.1515/9783110684315-002

dem wirtschaftlichen und militärischen Druck der amerikanischen und europäischen Länder zusammen. Die neue Meiji-Regierung wurde 1867 gebildet. Um der internationalen Tendenz des Kapitalismus zu entsprechen, nahm sie die schnelle Einführung des kapitalistischen Systems und die kapitalistischen Änderung des inneren Sozialsystems und Rechtssystems als Staatspolitik in Angriff. In England, Frankreich u.s.w. gab es kapitalistische Bürger. Sie bekämpften das Feudalsystem. Der Kapitalismus entwickelte sich also von unten. In Japan war es anders. Die Entwicklung des Kapitalismus wurde von oben als Staatspolitik gefördert. Aus diesem Grund konnte auch ein den Feudalismus bekämpfender Grundrechtsgedanke in ihm nicht keimen. Es gab kein auf Volkssouveranität beruhendes Parlament. Aufgrund der kräftigen Förderung der kapitalistischen Reform der Gesellschaft seitens der Meiji-Regierung brachen verschiedene soziale Widersprüche auf. Die Meiji-Regierung benutzte das Tenno-System als ideologischen Mechanismus zur Integration des Volks, um Sozialbewegung und Klassenkampf zu unterdrücken, welche Ausdrucksformen sozialer Widersprüche waren. Der Tenno war absoluter Monarch in Japan, bis zum Ende des Zweiten Weltkriegs genoß er göttliche Verehrung. Die kapitalistische Reform förderte also einerseits die Modernisierung der Gesellschaft. Andererseits wurde das feudalistische System beibehalten, um diese Reform ideologisch zu stützen. Dieser Widerspruch hat den Entwicklungsprozess der Strafrechtsgeschichte in Japan bestimmt.

Nach der Meiji-Restauration wurden von der Regierung manche Strafgesetzbücher erlassen. Sie enthielten feudalistische Deliktstypen und grausame Strafen und erlaubten willkürliche Rechtsanwendung durch richterliche Analogie. Die Meiji-Regierung berief den französischen Strafrechtler *Gustave Emile Boissonade* nach Japan, um die Arbeit am Strafgesetzbuch zu befördern. Das Strafgesetzbuch 1880, das auf Boissonades Initiative zurückgeht, bestimmte das Gesetzlichkeitsprinzip vom objektivistischen Standpunkt her und beseitigte feudalistische Deliktstypen und grausame Strafe aus dem Strafgesetz. Boissonade war ein Strafrechtslehrer für junge Japaner. Er zog viele junge klassische Schüler heran.

Die fortschrittlichen Wissenschaftler und ihre Bewegung (die sog. freidemokratische Bewegung) kritisierten die sozialen Widersprüche und versuchten sie demokratisch zu lösen. Sie wurden jedoch von der Meiji-Regierung unterdrückt, die diese Bewegung als gotteslästerlich und auf den Sturz des Tenno-Systems gerichtet ansah. Ihre Tätigkeiten zugunsten der Pressefreiheit und der Versammlungsfreiheit wurden von den Strafgesetzen – der Presseverordnung (1873) und der Versammlungsverordnung (1880) u.s.w. – stark unterdrückt. Da es kein Volksparlament gab, gab es auch keine parlamentarischen Gesetze. Es gab nur Regierungsgesetze, welche die Freiheit und die Grundrechte des Volks stark einschränkten. Das Strafgesetzbuch von 1880 stand formal auf dem Boden des Gesetzlichkeitsprinzips, doch führte dies nicht dazu, dass die Gesetze zur Unterdrückung der freidemokratischen Bewegung beschränkt wurden. Materiell war das Gesetzlichkeitsprinzip im Strafgesetzbuch von 1880 nicht enthalten.

1889 wurde eine japanische Verfassung erlassen. Erstmals wurde ein Parlament einberufen. Aber es war nicht das Parlament des modernen Staates, sondern nur mitwirkendes Organ für den Tenno als absoluter Monarch (Art. 5). Verordnungen des Tenno besaßen Gesetzeskraft (Art. 8). Justiz und Rechtsprechung fällten Urteile im Namen des Tenno (Art. 57). Die Meiji-Verfassung bildete keine Grundlage für eine wesentliche Garantie der Freiheiten und Grundrechte des Volks einschließlich des Gesetzlichkeitsprinzips.

Nach dem Erlass des Strafgesetzbuchs von 1880 wurde die Presseverordnung 1883 reformiert, und es wurde die Publikationsverordnung erlassen. Diese Verordnungen wurden rückwirkend noch schärfer gegen Pressefreiheit und Publikationsfreiheit angewendet. Die Sicherheitsverordnung 1887 verbot Versammlungen, Vereine, Presse und Demonstrationen, um die Kritik an der Meiji-Regierung einzudämmen und Sicherheitsstörungen zuvorzukommen. Durch diese Strafverordnungen wurde der Kern der freidemokratischen Bewegung völlig zerstört. Das Strafgesetzbuch von 1880, welches das Gesetzlichkeitsprinzip aufstellte, war gegen rückwirkendes gesetzliches Unrecht wehrlos.

3. Der Streit über die neue Strafgesetzgebung

Mit dem chinesisch-japanischen Krieg (1894–1895) gelangte die Industrielle Revolution in Japan zum Durchbruch und entwickelte sich rasch. Dies führte zu einer Radikalisierung der Bauern- und Arbeiterbewegung. Das Sicherheitspolizeigesetz von 1900 wurde als Waffe gegen sie angewendet. Nach dem russisch-japanischen Krieg (1904–1905) erreichte der japanische Kapitalismus die Stufe des Imperialismus. Damit breiteten sich aber auch Anarchismus und Sozialismus u.s.w. in Japan aus und erfuhren eine lebhafte Reaktion. Nach der Meiji-Restauration hatte die Regierung Wissenschaften, Technik und Gedanken aus Europa importiert, um die japanische Gesellschaft an den Kapitalismus anzupassen und zu modernisieren. Das ironische Ergebnis für die Meiji-Regierung war, dass in diesen Wissenschaften auch kritische Wissenschaft enthalten war und somit von der Meiji-Regierung selbst importiert wurde. Die Meiji-Regierung brauchte ein neues Strafgesetzbuch, um die radikalen politischen Aktivität kriminalpolitisch zu bekämpfen. Das Strafgesetzbuch von 1880 war ein klassisches französisches Strafgesetzbuch. Es beruhte auf dem die Strafmacht beschränkenden Gesetzlichkeitsprinzip. Seine Strafen waren im allgemeinen zurückhaltend und tolerant. Ein solches Strafgesetzbuch besitzt aber nicht die Fähigkeit, die zunehmenden Verbrechen und Verbrecher effektiv zu bekämpfen. So hat die Meiji-Regierung das Strafgesetzbuch von 1880 kritisiert und angegriffen. Die kritische Spitze war Masaaki Tomii (1858–1935). Er hatte Rechtswissenschaft in Frankreich studiert und war danach nicht nur als Professor an der Universität Tokio, sondern auch als Abgeordneter im Parlament tätig. Tomii stand auf dem Standpunkt, dass die Moderne Strafrechtsschule der Gipfelpunkt der europäischen Strafrechtswissenschaft und das Strafgesetzbuch von 1880 altmodisch sei. Die klassische Schule und die moderne Schule stritten über eine neue Strafgesetzgebung. Die moderne Schule trug den Sieg davon. Tomii übte auf die Entstehung des Strafgesetzbuchs von 1907 grossen Einfluss aus.

Das Strafgesetzbuch von 1907, das bis heute gilt, hat wenigstens vier Eigenschaften:

Erste Eigenschaft: Das Strafgesetzbuch von 1907 sieht nicht das Gesetzlichkeitsprinzip vor. Nicht nur die Arbeiterbewegung und Bauernbewegung gegen das Sozialsystem, sondern auch viele Verbrechen erschienen als Widersprüche des Gesellschaftssystems. Um Verbrechensphänome besser in den Griff zu bekommen und sie effektiv zu bekämpfen, hob das Strafgesetzbuch von 1907 das Gesetzlichkeitsprinzip auf. Das ist eine seiner imperialistischen Eigenschaften geblieben. Strafrecht ist danach nicht das Recht, das die bürgerliche Freiheit und die Grundrechte vor der Strafgewalt schützt, sondern nur das Recht, das die Gesellschaft gegen Verbrechen und Verbrecher verteidigt. Der Strafrichter dient dem Zweck der Strafverfolgung zwecks Gesellschaftverteidigung. Das Strafgesetzbuch beruht also nicht auf dem Gedanken, dass der Strafrichter durch das Strafgesetz gebunden wird und die effektive Verbrechensbekämpfungsfähigkeit eingeschränkt ist.

Zweite Eigenschaft: Als Folge der Aufhebung des Gesetzlichkeitsprinzips wurden die Verbrechenstatbestände stark zusammengefasst und abstrahiert. Strafe gegen Verbrechen wird weiter als zuvor umschrieben. Der Verbrechenstyp wird erst mir der richterlichen freien Rechtsauslegung konkretisiert. Der Richter kann die Strafe innerhalb eines weit gefassten gesetzlichen Rahmens frei bemessen.

Dritte Eigenschaft: Das Strafgesetzbuch von 1880 hatte die drei Kategorien Verbrechen, Vergehen und Übertretung vorgesehen. Das Strafgesetzbuch von 1907 kennt diese Einteilung nicht. Man sagt, schwere Verbrechen könnten mit schwerer Strafe belegt werden; Vergehen könnten mit relativ leichter Strafe belegt werden und Übertretungen könnten mit noch leichterer Strafe belegt werden; damit werde das Verhältnismäßigkeitsprinzip gefördert. Das Strafgesetz kennt zwar dieses Prinzip; aber gesetzlich näher bestimmt ist es nicht.

Vierte Eigenschaft: Hinter dem richterlichen freien Strafermessen steht ein ökonomischer Rationalismus der Strafe. Dieser Gedanke fordert das System der Bewährungsfrist. Ein Verbrecher wird auf bestimmte Zeit ins Gefängnis gebracht. Aber nicht alle aufzunehmenden Verbrecher können im Gefängnis untergebracht werden. Ein Teil der Strafgefangenen muss aus dem Gefängnis entlassen werden. Der Gefängnisdirektor entscheidet, ob ein Strafgefangener noch rechtsfeindlich ist oder schon rechtstreu geworden ist.

4. Eigenschaften der Modernen Schule in Japan

Es ist klar, dass das Strafgesetzbuch von 1907 militanter gegen Verbrechen vorgeht als das Strafgesetzbuch 1880. Der japanische Kapitalismus war auf die Stufe des Imperialismus gelangt und der Widerstand der Arbeiter und Bauern, aber auch das Verbrechen, insbesondere die Vermögensdelikte als Widersprüche des imperialistischen Kapitalismus, hatten zugenommen. Damals dachte man, dass man die europäische Spitzenstrafrechtswissenschaft brauche, um diese Verbrechen effektiv bekämpfen zu können. Es war Eiichi Makino (1878–1970), der dem Strafgesetzbuch von 1907 die dogmatische Auslegungslinie gab. Er war junger Professor an der Universität Tokio, Vertreter der Modernen Schule und hatte hat bei Franz von Liszt studiert. Makino war der Auffassung, dass der Übergang vom Strafgesetzbuch von 1880 zum Strafgesetzbuch von 1907 Ausdruck des gedanklichen Übergangs vom Schutz der Einzelperson zum Gesellschaftschutz sei und damit der Schwerpunkt im Strafrecht vom klassischen Verbrechensgedanken zum modernen Verbrechergedanken verlegt werden müsse. Nach seiner Auffassung musste das Strafgesetzbuch von 1907 vom Standpunkt des modernen Strafzweckgedankens und der subjektivistischen Verbrechenslehre ausgelegt und angewendet werden. Weil das Strafgesetzbuch von 1907 kein Gesetzlichkeitsprinzip vorgesehen hatte, konnte Makino nicht nur den Strafzweck, sondern auch den Verbrechensbegriff subjektivistisch begreifen. Er war noch subjektivistischer als sein Lehrer Franz von Liszt.

In den 1920er Jahren vertrat Makino die Spezialpräventionslehre aus dem Gedanken der Gesellschaftsverteidigung heraus, aber er hatte die Sozialisierung des Rechts in der Weimarer Verfassung zur Kenntnis genommen und vertrat die Idee der Existenzberechtigung des Verbrechers im Kulturstaat. Die damalige demokratische Bewegung (Taisho-Demokratie) hatte großen Einfluss auf seine Strafrechtslehre. Nach dem I. Weltkrieg war es zur Russischen Revolution 1917 und zur Deutschen Revolution von 1918 und zur Weimarer Republik gekommen. Die ideologische Bewegung die ein anderes Wirtschaftssystem als den Kapitalismus forderte, hatte sich auch in Japan ausgebreitet. 1918 kam es im ganzen Land zur sog. Reisrevolte (Kome-Sodo) und zu radikalen Arbeiter- und

Bauernunruhen, 1919 zur Volksbewegung für Unabhängigkeit im kolonialisierten Korea. 1922 wurde die japanische kommunistische Partei gründet. Die demokratische Bewegung, die unter Beibehaltung des Tenno-Systems das allgemeine Wahlsystem forderte, hatte 1925 damit Erfolg. Dieser demokratische Trend in der Gesellschaft hatte großen Einfluss auf Makinos Strafrechtslehre.

5. Die Krise des Strafrechts in der Kriegszeit

Nach der Meiji-Restauration hatten die kapitalistische Entwicklung und die Modernisierung der japanischen Gesellschaft auch die Modernisierung des Strafrechts mit sich gebracht. Mit dieser Modernisierung wurden jedoch unterschiedliche Gedanken in Japan eingeführt: Demokratie, Anarchismus, Sozialismus, Kommunismus u.s.w. Diese Gedanken waren Nebenprodukte der kapitalistischen Entwicklung und der Modernisierung und zugleich gegen die japanische feudalistische Ideologie gerichtet, welche die japanische Modernisierung unterstützt. Der Tenno als absoluter Monarch und als ideologischer Kern des japanischen Feudalismus musste die gegen ihn gerichtete feindliche Ideologie bekämpfen. Die Regierung (Taisho-Regierung) traf 1918 Entscheidungen zur Erziehungspolitik, um die Gedankenkontrolle über das Volk zu verstärken und das Erziehungssystem auf eine neue Grundlage zu stellen. Die Regierung argumentierte: Die inneren und äußeren sozialen Verhältnisse sind für die traditionellen japanischen guten Sitten und Gebräuche schädlich. Sie stören die guten Sitten und Gebräuche. Deshalb muss die Regierung erklären, was für ein Land Japan ist, was für eine Tradition und Kultur es besitzt, was für Sitten und Gebräuche es besitzt. Die Regierung war der Auffassung, dass die gedankliche Beeinflussung des Volkes verstärkt werden müsse und die Rechtspolitik aus dieser Gedankenpolitik heraus begründet werden müsse. Damit wurden die feudalistische Ideologie und die Rechtspolitik zu einer Einheit verbunden.

Die soziale Bewegung, insbesondere die demokratische Bewegung für das allgemeine Wahlrecht waren zu radikal geworden. Die Regierung konnte sie nicht mehr unterdrücken; daher verwirklichte sie 1925 das neue Wahlsystem. Einführung des allgemeinen Wahlrechts bedeutete aber, dass auch die Parteien, die gegen das Tenno-System eingestellt waren, das rechtmäßige Mittel der Parlamentssitze nutzen konnten. Die Regierung gab der demokratischen Volksbewegung nach und akzeptierte das allgemeine Wahlrecht. Gleichzeitig erließ sie ein Gesetz, welches das Staatsgrundsystem und dessen Ideologie schützte und feindliche Gedanken und Tätigkeiten strafrechtlich unterdrückte. Das Gesetz war ein Gesetz zur Wahrung der öffentlichen Sicherheit; es diente der Unterdrückung solcher Gedanken und Tätigkeiten, welche die traditionelle japanische Staatsidee und das System des Privateigentums ablehnten. Japanische traditionelle Staatsidee und Privateigentumssystem bedeuteten japanische gute Sitten und Gebräuche. Das Gesetz zur Wahrung der öffentlichen Sicherheit war ein Nebenstrafgesetz, das nicht nur den Sozialismus und Kommunismus, sondern auch alle Gedanken unterdrücken sollte, welche die japanische feudalistische Ideologie ablehnten. Das bedeutet auch, dass das Strafrecht als ideologischen Mittel zur Volkserziehung eingesetzt wurde.

1921 befragte die Regierung das Justizministerium über eine Reform des Strafgesetzbuchs von 1907. Dieses Gesetzbuch beruhte nicht auf japanischer Tradition, Kultur, Moralbegriff und guten Sitten und Gebräuchen. Es wurde unter dem Einfluss der europäischen modernen Strafrechtslehre erlassen. Diese Lehre war eine subjektivistische Strafrechtslehre, das heißt eine naturalistische und zweckmässige Strafrechtslehre. Sie kannte selbstverständlich nicht die japanischen guten Sitten und Gebräuche. Die Regierung kritisierte es aus diesem Grunde. Die Justizministerium verfasste im Jahre 1926 (dem ersten Jahr der Showa-Zeit) das „Strafrechtsreformprogramm“ und bereitete damit die Einfügung der guten Sitten und Gebräuche in das Strafgesetzbuch vor. Dieses Programm besaß die folgenden drei Eigenschaften.

(1) Die Wahrung der guten Sitten und Gebräuche sollte Strafzumessungsmaßstab sein. Die Verbrechen gegen den Tenno und seine Familie mußten im Verhältnis zu den allgemeinen Verbrechen strenger bestraft werden. Das japanische Familiensystem musste hochgehalten werden. Der Hausvater war der Familienherr; der Tenno war der Staatsvater; er war Staatsherr, jeder Untertan sein Kind. Das Kind musste den Vater ehren und ihm gehorchen. Die traditionellen japanischen guten Sitten und Gebräuche mussten gegen gefährliche Gedanken, Sozialismus und Kommunismus verteidigt werden.

(2) Die Art der Strafen sollte vermehrt werden (Ausbürgerung, Urteilsverkündigung und Wohnungsbeschränkung). Sichernde Maßnahmen, unbestimmte Verurteilung und Straffreiheit wegen Rechtsirrtums sollten eingeführt werden. Anstiftung sollte abhängig von Täter bestraft werden.

(3) Eine Organisation, die zielbewusst illegale Tätigkeiten vorbereitet, sollte bestraft werden. Die Befürwortung und Werbung für diese Tätigkeiten sollten ebenfalls bestraft werden.

Die Regierung verfasste 1927 auf der Grundlage dieses Strafrechtsreformprogramms den Vorentwurf für eine Strafrechtsreform und 1931 einen vorläufigen Entwurf.

6. Zusammenbruch und Niedergang der Strafrechtswissenschaft in der Krise

Das Strafrechtsreformprogramm, der Vorentwurf und der vorläufige Entwurf besaßen zwei Seiten. Die eine Seite war die geistige und moralische der Wahrung der guten Sitten und Gebräuche. Die andere war die kriminalpolitische Seite der Verbrechensprävention. Makino als Vertreter der Modernen Schule und der subjektivistischen Verbrechenslehre schätzte, dass das Programm und die beiden Entwürfe die Kriminalpolitik zur effektiven Bekämpfung gegen Verbrechen und Verbrecher geeignet seien, und betonte die Notwendigkeit der Erziehungsstrafe für Verbrecher. Dagegen besaß die Klassische Schule keine einheitliche Meinung, vielmehr war sie in zwei Gruppen gespalten. Yukitoki Takigawa (1891–1962) kritisierte das Programm und die beiden Entwürfe. Er hatte bei M.E.Mayer die deutsche Strafrechtswissenschaft studiert und vertrat in den 1930er Jahren die liberal-objektivistische und klassische Strafrechtslehre in Japan. Er hielt am Gesetzlichkeitsprinzip als eisernem Prinzip des Strafrechts fest. Das Strafgesetz sei die Magna Carta des Verbrechers. Deshalb wurde er von der Universität Kyoto entlassen. Auch Seiichiro Ono (1891–1986) vertrat vom Standpunkt der Klassischen Schule aus die objektivistische Verbrechenslehre und das Strafrechtsreformprogramm und kritisierte Makinos subjektivistische Verbrechenslehre. Er war ein Schüler von Makino und Professor an der Universität Tokio. Er führte auf der Grundlage des Neukantianismus die Tatbestandslehre von Ernst Beling und M.E.Mayer in seine Strafrechtslehre ein. In der ersten Hälfte der 1930er Jahren fand der Schulenstreit in Japan als Streit um das Strafrechtsreformprogramm und die Entwürfe statt.

In den zweiten Hälfte der 1930er Jahren änderte sich jedoch das politische Umfeld für Strafrechtswissenschaft und Strafrechtler. Japan trat aus dem Völkerbund aus; nach außen erweiterte es den Angriffskrieg gegen China und überzog Asien mit einem totalen Krieg. Im Inneren wurde die Meinungsfreiheit streng kontrolliert. Nicht nur Literatur, Musik und Sport, sondern auch die Strafrechtswissenschaft wurden als Mittel für die Kriegsführung mobilisiert. Auf der Seite der Modernen Schule vertrat Kameji Kimura, Professor an der Universität Tohoku und ein Schüler von Makino, die Auffassung, dass der Staat auf der Grundlage der Lehre von der Gesellschaftsverteidigung und der Spezialprävention den Verbrecher die japanischen guten Sitte und Gebräuche lehren müsse, um die traditionelle Gesellschaft des Gotteslandes Japan zu schützen und zu wahren.

Seiichiro Ono ging von seiner kritischen Meinung ab und hob die geistige und moralische Seite des Strafrechtsreformprogramms hervor; er forderte eine Selbstbesinnung der japanischen Rechtstheorie. Um das japanische Recht und das japanische Strafrecht selbst zu ermitteln, müssten Japaner sich auf geschichtlichen Erlebnisse Japans stützen. Erkenne man, gestützt auf diese Erlebnisse, die japanische Geschichte, so könne man auch das Wesen des japanisches Rechts erkennen; dies sei die japanische Rechtstheorie. Ono argumentierte also irrationalistisch; er hatte seinen Neukantianismus aufgegeben und durch den Hegelianismus ersetzt. Damit hob er den Widerspruch zwischen japanischer Sitte und japanischem Recht dialektisch auf. Aus dem Gesetz wurde das aufgrund der Sitte ermittelte Recht empirisch selbst bewiesen und erkannt. Das war der Tatbestand. Die tatbestandsmässige Handlung war rechtwidrig, wenn sie nicht zur japanischen Geschichte, Tradition, Kultur, guten Sitten und Gebräuchen passte. Der Begriff der Rechtswidrigkeit wurde damit zu einem offenen Wertbegriff, der alles aufnehmen konnte, was wertvoll für die japanische Geschichte und Gesellschaft war, und konnte es in japanisches Recht umwandeln. Der rechtswidrige Täter war Schuldsubjekt. Der Begriff der Schuld war der Japan eigentümliche moralische Begriff. Ein Japaner muss und kann an seiner rechtswidrigen Handlung schuldig sein, sofern er ein wahrhafter Japaner ist. Strafe ist Vergeltung der tatbestandsmässigen, rechtswidrigen und schuldhaften Handlung. Ob ein Japaner verbrecherisch ist, kann nur das japanische Recht selbst mit der Strafe beweisen, und er kann zum ersten Mal ein wahrhafter Japaner werden. Bis zum Ende des II. Weltkrieg konnte Ono klassischer Strafrechtler und führende Person der objektivistischen Verbrechenslehre zugleich sein.

7. Was ist die geschichtliche Lehre?

Nach dem II. Weltkrieg hat die japanische Strafrechtswissenschaft wieder eine neue Richtung eingeschlagen. Welches war ihr Ausgangspunkt und wohin hat sie geführt? Ich meine, Ausgangspunkt war die Selbstkritik daran, dass Strafrechtswissenschaft und Strafrechtslehrer – nicht nur die Moderne Schule, sondern auch die Klassische Schule – an der Kriegspolitik und der Verletzung der Menschenrechte mitgewirkt haben. Für die neue Richtung, in welche die Strafrechtswissenschaft streben sollte, standen Freiheit und Menschenrechte, Frieden und Demokratie. Der strafrechtliche Ausdruck dieser Kategorien konnte nur die Menschenrechtsgarantie sein, nur die Selbstkritik daran, dass Strafrechtslehrer mit ihrer Strafrechtlehre dem Strafrechtsreformprogramm die Auslegungslinie gegeben hatte, das Strafgesetzbuch nach der japanbezogenen Rechtslehre auszulegen und anzuwenden, und über menschenrechtsverletzendes Unrecht stillschweigend hinweg gegangen war.

Hat die japanische Strafrechtswissenschaft diesen Ausgangspunkt genommen und ist sie in diese Richtung gegangen? Ist die Antwort „Ja“ oder „Nein“?

Meine Antwort ist „Nein“. Ono wurde zwar von der Universität Tokio entlassen, weil er mit seiner japanischen Rechtslehre positiv an der Kriegspolitik mitgewirkt hatte; Takigawa aber kehrte an die Universität zurück. Es scheint so, als ob die Beziehung zwischen den *Strafrechtlern* vor und nach dem II. Weltkrieg untergebrochen worden sei. Wurde aber die Beziehung zwischen *Strafrechtslehre* vor und nach dem Krieg auch unterbrochen? Als Strafrechtslehre, welche die Kriegspolitik und die Verletzung der Menschenrechte mitbewirkt hatte und dafür verantwortlich war, wurde nur die subjektivistische Verbrechenslehre angesehen, die das strafrechtliche Gesetzlichkeitsprinzip abgelehnt hatte. Onos Strafrechtslehre und seine Tatbestandslehre wurden als Elemente der objektivistischen Verbrechenslehre angesehen. Nach dem Krieg wurde seine Strafrechtslehre um die japanbezogene Rechtslehre vermindert. Seine Tatbestandslehre und sein Schuldbegriff aber werden noch heute häufig in vielen Strafrechtslehrbüchern und Abhandlungen zitiert. Und in der ersten Hälfte der 1950er Jahre, also während des militärischen Wiederaufrüstungsprozesses, nahm Ono als Berater des Justizministeriums seine Arbeit wieder auf. Er hatte die Strafrechtsreformarbeit mit dem provisorischen Entwurf begonnen, und er war Leiter der Strafrechtsreform nach dem II. Weltkrieg.

Die kritische Strafrechtswissenschaft hat die Aufgabe, der Kontinuität in persönlicher und in theoretischer Beziehung gerade in die Augen zu sehen. Sie hat keine Zeit, die hundertjährige Kontinuität des Strafgesetzbuches von 1907 zu feiern. Statt die vergangene Strafrechtsgeschichte zu vergessen, muss die japanische Strafrechtswissenschaft den Zeitgeist analysieren und kritisieren, den das Strafgesetzbuch und die Strafrechtslehre in sich aufgenommen hatten.

Die Überwindung der Moderne im Strafrecht: Entstehung, Entwicklung und Schicksal der japanischen Rechtslogik vor dem Zweiten Weltkrieg

Vorwort

Ono Seiichiro (1891–1986) war einer der führenden klassischen und objektivistischen Strafrechtler. Im Jahre 1907 wurde das japanische Strafgesetzbuch unter den Einflüssen der europäischen Strafrechtslehren verabschiedet. Die modernen und subjektivistischen Strafrechtsschüler *Makino Eiichi* (1878–1970) und *Kimura Kameji* (1897–1972) legten es theoretisch aus und übten starken Einfluss in der Strafrechtswissenschaft aus. Ono forderte sie zusammen mit *Takigawa Yukitoki* (1891–1962) zum Meinungsstreit heraus, den man nachher den Schulenstreit zwischen klassischen und modernen Strafrechtsschulen nannte. Ist vom Schulenstreit[1] und vom Stammbaum der herrschenden Straflehren[2] die Rede, so kann dies nicht ohne die Nennung des Namens von Ono Seiichiro geschehen.

1 Vgl. *Saeki Chihiro / Kobayashi Yoshinobu*, Die Geschichte der Strafrechtswissenschaft (Keiho Gakushi), in: Ukai Nobunari / Hukushima Masao / Kawashima Takeyoshi / Tsuji Kiyoaki (Hrsg.), Entwisklungsgeschichte des japanischen Modernen Rechts (Nihon Kindaiho Hattatsushi), Bd. 11, 1967, S. 207 ff. Dieser Aufsatz beschreibt den Entwicklungsprozess der Strafrechtswissenschaft im modernen Japan und analysiert den Inhalt des radikalen Schulenstreits beim Erlass der Strafgesetze. Beim Erlass des Strafgesetzbuches von 1880 als erstem modernen Strafgesetz in Japan übten jene jungen Strafrechtler die stärksten Einflüsse aus, welche die klassische französische Strafrechtslehre bei Boissonade studiert hatten. Aber das Strafgesetzbuch wurde kritisiert, weil es keine kriminalpräventive Wirkung besitze. Die damals auftauchende Strafrechtslehre, insbesondere die Strafrechtslehre der modernen Schule, übte starken Einfluss beim Erlass des Strafgesetzbuches von 1907 aus. Der Schulenstreit bedeutet den Streit der klassischen Schule gegen die moderne Schule.

2 Das Zurückgehen auf dem Stammbaum der herrschenden Strafrechtslehre führt zum Schulenstreit vor dem Zweiten Weltkrieg. Im Schulenstreit forderte die Moderne Schule von Makino, Kimura u.a. die Aufhebung des nulla-poena-Prinzips, während die klassische Schule von Ono, Takigawa u.a. dessen Beibehaltung forderte. Artikel 31 der nach dem Zweiten Weltkrieg erlassenen Verfassung schreibt das nulla-poena-Prinzip als Menschenrechtsprinzip vor. Deshalb war die Haltung zum Prinzip entscheidend wichtig für den Neubeginn der japanischen Strafrechtswissenschaft nach dem Zweiten Weltkrieg. Die Moderne Schule verlor an Einfluss, weil sie die Aufhebung des nulla-poena-Prinzips vertrat, und die Klassische Schule gewann die Unterstützung seitens der Verfassungsrechtler und erweiterte ihren Einfluss eben aus dem Grund, dass sie die Haltung des nulla-poena-Prinzips vertrat. Obwohl Ono sein Amt als Universitätsprofessor verlor, überlebte seine Strafrechtslehre, weil er das nulla-poena-Prinzip vertrat. Der Grund ist theoretisch

https://doi.org/10.1515/9783110684315-003

Ono war einerseits Strafrechtslehrer und andererseits Praktiker, der auf seine Zeit und Gesellschaft einwirkte. Mit seiner Strafrechtslehre und durch seine Strafrechtslehre auf seine Zeit und Gesellschaft einzuwirken und deren Entwicklung zu fördern oder zu verändern, empfand der praktische Strafrechtler als seine Aufgabe. Die japanische Regierung und ihre Armee fielen vor dem Zweiten Weltkrieg in China ein und führten den imperialistischen und kolonialistischen Krieg gegen Amerika und England. Es gab drei Methoden zur Einwirkung auf eine solche Zeit und Gesellschaft. Die erste Methode waren Widerstand gegen Militarisierung und Nationalisierung des Strafrechts und Wiederaufbau des liberalen Strafrechts für Frieden und Freiheit. Aber der Strafrechtler, der diese Methode gewählt hätte, hätte auf Verhaftung und Verbringung ins Gefängnis gefasst sein müssen. Die zweite Methode war die Entwicklung der eigenen personalen Strafrechtslehre auf einer anderen Grundlage als der Kriegspolitik. Der Strafrechtler, der diese Methode wählte, konnte seine kompromisslose theoretische Haltung durchsetzen, aber er konnte die staatliche Kriegspolitik nicht verhindern, weil er über sie Schweigen bewahrte. Die dritte Methode war die Mitwirkung bei der Kriegspolitik und das positive Anbieten der Strafrechtslehre zur deren Rechtfertigung. Ono wählte die dritte Methode. Man kann getrost feststellen, dass Onos Verhalten den geschichtlichen Prozess beschleunigt hat, der Japan und dessen Bevölkerung in namenloses Unglück geführt hat. Nach dem Zweiten Weltkrieg wurde Ono im Jahre 1946 aus seiner Universität verwiesen. Diese Ausweisung war eine notwendige Massnahme zur Bewältigung der militaristischen Vergangenheit im Strafrecht, aber der japanische Militarismus lebte im Kalten Krieg wieder auf. Ono tauchte als tüchtiger Jurist wieder auf und erlangte 1956 die Stellung als spezieller Berater des Justizministeriums. Er begann die Leitung der Strafrechtsreformarbeit, welche in geschichtlicher Kontinuität zur Strafrechtsreformarbeit vor dem Zweiten Weltkrieg stand[3]. Man kann nicht

---

nicht genügend analysiert worden. Die Vorkriegskontinuität im Nachkriegsabbruch ist noch jetzt das unaufgeklärte Forschungsthema. Zu dieser Frage vgl. *Yokoyama Koichiro*, Die Kritik der strafrechtlichen Auslegungslehre, in: Amano Kazuo / Kataoka Noboru / Hasegwa Masayasu / Hujita Isam / Watanabe Yozo (Hrsg.), Vorlesung über Marxistische Rechtswissenschaft, Bd. 7 (1977), S. 161.

3 Die von Ono geführten Strafrechtsreformarbeit wurde als Entwurf für „Strafrecht Allgemeiner Teil“ von 1974 zusammengestellt. Die Erforschung der Strafrechtsreform (Keiho Kaisei no Kenkyu), Bd. 1 (1972) und Bd. 2 (1973) kritisierten theoretisch diesen Entwurf. Nach dieser Kritik war der Entwurf von Nationalismus, Moralismus und Sicherheitsdenken geprägt. Beispiele für Nationalismus: Die Reihenfolge der Paragraphen des Besonderen Teils begann mit den Verbrechen gegen die staatlichen Rechtsgüter und endete bei den Verbrechen gegen die individuellen Rechtsgüter. In diesem Entwurf waren die staatlichen Rechtsgüter wichtiger als die individuellen Rechtsgüter. Beispiele für Moralismus: der Entwurf stellt fest, dass der Maßstab der Strafzumessung die Schuld sei.

sagen, dass Ono die Verantwortung für sein Verhalten übernommen habe, dessen er sich vor dem Zweiten Weltkrieg schuldig gemacht hat.

Diese kleine Abhandlung will den Entwicklungsprozess der Strafrechtslehre Onos skizzieren und den Grundcharakter seiner japanischen Rechtslogik erklären, die er bei der Mitwirkung an der Kriegspolitik der Regierung selbstbewusst entwickelt hat. In der heutigen Zeit des vergessenen Faschismus und Totalitarismus im Strafrecht müsste man nach dieser herrschenden Strafrechtslehre in der Zeit der faschistischen und militaristischen Angriffskriege fragen und den genauen Maßstab für eine kritische Ermittlung der sozialen und politischen Funktionen des Strafrechts und der Strafrechtslehren entwickeln.

Der Grundcharakter der Strafrechtslehre Onos

(1) Das Wesen von Onos Strafrechtsdenken

Ono Seiichiro wurde am 1. Januar 1891 geboren und studierte Strafrechtswissenschaft bei Makino Eiichi, der bei Franz von Liszt die damaligen europäischen Strafrechtswissenschaften studiert hatte. Nach dem Abschluss an der Universität Tokio betätigte er sich in der Praxis als Strafrichter. 1919 trat er das Amt des ausserordentlichen Professors bei der Universität Tokio an und forschte über die europäische Strafrechtswissenschaft in Frankreich, Deutschland u.s.w. Die wichtigste Theorie, die Ono insofern erforschte, war die Tatbestandslehre von Ernst Beling und Max Ernst Mayer und die darauf systematisch aufbauende objektivistische Verbrechenslehre. Ono studierte die moderne und subjektivistische Strafrechtswissenschaft bei Makino; er selbst aber gehörte zur klassischen Strafrechtsschule und zeigte sich als einer der führenden Vertreter der objektivistischen Verbrechenslehre[4]. Die Eigenschaft seinen Strafrechtsdenkens wird im allgemeinen als Vermischung von Buddhismus und südwestdeutscher Kulturphilosophie eingeschätzt. Es war die südwestdeutschen Kulturphilosophie, die vom Ende der 1920er Jahre bis zum Beginn der 1930er Jahre großen Einfluss auf die Systematisierung der Verbrechenslehre Onos nahm. Es bleibt unklar, ob die buddhistische Lehre und die deutsche Kulturphilosophie in einem einzigen

---

Schuld wurde aber im Sinne der moralischen Schuld begriffen. In diesem Entwurf wurden das Recht und die Moralität nicht begrifflich getrennt. Beispiel des Sicherheitsdenkens: die lebenslange Verurteilung wurde gegen gewohnheitsmäßigem Verbrecher gesetzlich angeordnet. Der Entwurf erkannte das nulla-poena-Prinzip nur begrenzt an.

4 Über Ono's Lebenslauf vgl. *Nakayama Kenichi*, Der Grundgedanke des Strafrechts (Keiho no Kihonsiso), 1979, S. 52 ff.; *Miyasawa Koichi*, Die Strafrechtslehre von Ono Seiichiro (Ono Seiichiro no Keihoriron), in: Kikkawa Tsuneo / Naito Ken / Nakatama Kenichi / Odanaka Toshiki / Mitsui Makoto (Hrsg.), Die Gesamtforschung der Geschichte der Strafrechtstheorien (Keihorironnshi no Sogotekikenkyu), 1994, S. 475 ff.

Strafrechtsdenken koexistieren können. Tatsache ist aber, dass Ono nachher sein Strafrechtsdenken anhand des Buddhismus japanisch-rechtslogisch erneuert hat. Man kann sagen, dass das Element der buddhistischen Lehre, die das Strafrechtsdenken Onos konstruierte, dessen Einheitlichkeit zerstörte und es in das Gegenteil der japanischen Rechtslogik transformierte.

(2) Die Eigenheit der objektivistischen Verbrechenslehre von Ono

Ono kritisierte die moderne Theorie vom Zweckstrafrecht und die subjektivistische Verbrechenslehre. Aber er konnte sie nicht rundweg ableugnen, weil die Lehre Makinos die überwiegende Auffassung in der Strafrechtswissenschaft bildete. Aus diesem Grund musste Onos Strafrechtslehre Kompromisscharakter tragen. Er bejahte zwar die wissenschaftliche Rationalität und Zweckmäßigkeit der Zweckstraftheorie, vertrat aber die Auffassung, dass es Gerechtigkeit und Moralität als letzte Existenzberechtigung des Strafrechts gebe, die Strafe die Vergeltung als moralische Wertbestätigung gegen unmoralische Handlungen bedeute und die Idee der Vergeltung ohne Gerechtigkeit und Moralität nicht vorgestellt werden könne. Er argumentierte nämlich, dass das Strafrecht nicht in der Wissenschaft, sondern in der Sittlichkeit existiere und es den Zweck der autoritativen Unterstützung der moralischen und kulturellen Ordnung in der Staatsgemeinschaft habe.

Um seine Strafrechtslehre zu entwickeln, legte er seine Gerechtigkeits- und Staatsanschauung in seinem Lehrbuch des Allgemeinen Teils des Strafrechts von 1932 dar[5]. Darin vertrat er die Auffassung, dass die bisherige *Vergeltungsstraftheorie* die absolute Erhaltung der wirklichen Staatsordnung mit Hilfe der Abschreckungswirkung der Strafe fordere; dies bedeute nichts anderes als Staatsabsolutismus, denn nach diesem Gedanken sei die Strafe nichts als abschreckende Generalprävention. Diese Straftheorie sei abzulehnen. Die *Zweckstraftheorie* fordere die planmäßige Durchführung der Sicherung der bürgerlichen Gesellschaft durch Beschränkung der Freiheit der gefährlichen Täter, die gegen den realen Staat und die reale Gesellschaft gehandelt hätten. Das sei liberalistische und individualistische Gerechtigkeitsanschauung. Sie sei ebenfalls abzulehnen. Seine eigene Strafrechtslehre solle einerseits den Autoritarismus und Nationalismus und andererseits den Liberalismus und Individualismus zugleich bewältigen. Am Anfang dieser Strafrechtslehre stehe eine Idee, nämlich diejenige der den Staat und das Individuum transzendierenden Kulturgesellschaft. Sie sei die geistig wirkende Gesellschaft, die nicht mit den Interessen des Staates und Individuums, sondern mit der Kultur verbunden sei. Der reale Staat sei ein

5 *Ono*, Vorlesung zum Strafrecht Allgemeiner Teil (Keihokogi Soron), 1932, S. 15 ff.

herrschender Staat, der die wirtschaftlichen und kulturellen Machtstreitigkeiten zum Ausdruck bringt. Man könne ihn mit der Kulturgesellschaft als Idee nicht identifizieren. Der reale Staat belege die individuellen Verbrecher mit der Strafe als der härtesten Sanktion zur Verteidigung des Staates selbst; die Kulturgesellschaft hingegen ignoriere nicht die Freiheit des Individuums. Auch wenn die staatliche Strafe humanisiert werde und pädagogisch wirke, insofern sie staatliche Abschreckung sei, müsse die Kulturgesellschaft sie beschränken.

Ono kritisierte die Ausübung der realen Staatsstrafe aus dem Gesichtspunkt dieser idealen Kulturgesellschaft und systematisierte die objektivistische Verbrechenslehre zum Schutze der personalen Freiheit vor dem wirklichen Staat. Die Tatbestandslehre von Beling und M.E. Mayer lieferte ihm die dazu erforderliche Methodenlehre. Er stand an der Spitze der Kritik gegen Makinos strafrechtlichen Subjektivismus, weil seine Tatbestandlehre auf dem nulla-poena-sine-lege-Prinzip beruhte. Makinos subjektivistische Verbrechenslehre besitze Eigenschaften, die das nulla-poena-Prinzip aufhöben und die analoge Auslegung erlaubten; sie finde das Wesen der Verbrechen in Wille und Charakter der Täter und könne die Strafe auf der subjektiven Gefährlichkeit der Täter bemessen. Sie verschärfe bedeutend die Strafmacht des realen Staates und unterdrücke die Freiheit des Individuums. In der Tat konnte im Entwurf des Strafgesetzes Allgemeiner Teil von 1931, der auf der subjektivistischen Verbrechenslehre beruhte, nicht das nur vollendete Verbrechen, sondern auch jedes unvollendete Verbrechen und die Vorbereitung und Verabredung dazu bestraft werden, auch der untaugliche Versuch konnte als unvollendetes Verbrechen bestraft werden. Ono kritisierte scharf, dass dies Ausdruck der staatsabsolutistischen Ideologie sei, welche einen Rückschritt zum rechtlichen Zustand des Polizeistaates im 18. Jahrhundert und die Unterstützung der finanzkapitalistischen und imperialistischen politischen Herrschaft bedeute[6]. Er meinte, dass ein Staat die Aufgabe haben solle, die moralische und kulturelle Ordnung in der Kulturgesellschaft rechtlich zu unterstützen; das staatliche Strafrecht solle moralisch und kulturell sein, und das Verbrechen sei die unmoralische und unkulturelle Handlung. Der Typ dieser Handlung sei der Tatbestand und er sei als rechtswidrige und schuldhafte Handlung zu begreifen. Das Wesen der Rechtswidrigkeit sei der Verstoß gegen Geist und Ziel der moralischen und kulturellen Ordnung, und die Schuld sei als Vorwurf gegen die Person zu verstehen, welche die unmoralische und unkulturelle

6 *Ono*, Versuchtes Verbrechen und Untauglicher Versuch im Entwurf des Strafrechts Allgemeiner Teil (Keihososokusoan niokeru Misuihan oyobi Hunohan), in: Festschrift zum 50jährigen Jubiläum des Juristischen Vereins (Hogakukyokai 50shunen Kinenronbunshu), S. 316 ff.(in: Ono, Die Lehre vom Verbrechenstatbestand (Hanzai Koseiyoken no Riron), 1953, S. 277 ff.).

Handlung begonnen habe. Seine Verbrechenslehre war objektivistisch, insofern es um die moralische und kulturelle Bewertung der objektivierten Handlung als Ganzheit der subjektiven und objektiven Momenten ging. In Onos Strafrechtsdenken, das die kulturelle Idee betont, kann man nicht nur den Einfluss der neukantianistischen Wertphilosophie bestätigt finden, welche die Tatbestandslehre begründet, sondern auch die kritische Geschichtslehre des Marxismus finden, die sich im damaligen Japan wissenschaftlich erweiterte.

(3) Der Sinn der Strafrechtslehre Onos

Sowohl nach der buddhistischen Idee wie nach der wertphilosophischen Kulturidee kann, insofern Idee und Wirklichkeit dualistisch begriffen werden und die Funktion ein Kompass der Idee für die Kritik und Veränderung der Realität geliefert wird, die Idee die dunkle Wirklichkeit erleuchten und der Geist zeigen, wie und wohin sie in der dunklen Nacht gehen soll. Die Kulturidee ist im Allgemeinen begrifflich unbestimmt, aber in der dunklen Zeit der ersten Hälfte der 1930er Jahre konnte die Idee der mit Kultur verbundenen und geistig wirkenden Kulturgesellschaft die Möglichkeit liefern, den realen Staat kritisch zu betrachten. Die objektivistische Verbrechenslehre, die gedanklich auf dem nulla-poena-Prinzip und der Tatbestandslehre beruhte, konnte die Funktion haben, die reale Strafmacht kritisch zu beobachten. Ono hätte der kritische Strafrechtler und Verteidiger der Menschenrechte sein können.

Die theoretische Zerbrechlichkeit der Strafrechtslehre Onos

(1) Krieg und Strafrechtswissenschaft

Die Idee hat die Kraft, die Wirklichkeit zu kritisieren; fehlt ihr aber die materielle Kraft, so ist sie vor der realen politischen Macht zerbrechlich. Die reale Politik kann den idealistischen Kritiker unterdrücken, um die kritische Idee zu negieren. Nachdem Ono seine objektivistische Verbrechenslehre auf der Tatbestandslehre systematisiert hatte, trat diese Tendenz zu ihrer Negierung langsam auf. In damaligem Deutschland ergriffen die Nationalsozialisten die politische Macht, und der Reichstag erließ das Ermächtigungsgesetz. Danach wurde Gustav Radbruch aus dem Amt entfernt. Japan hielt politisch Schritt mit Deutschland. Die wertphilosophische Strafrechtslehre der Kulturgesellschaft konnte sich auch in Japan nicht erhalten.

1931 sprengte die japanische Armee die chinesischen Eisenbahneinrichtungen im mandschurischen China. Sie besetzte den nordöstlichen Bereich von China unter dem Vorwand, dass die chinesische Armee es angegriffen habe, und begründete dort den Marionettenstaat Mandschurei. Danach verstärkte sich die militaristische Bewegung in Japan. Der Völkerbund kritisierte indirekt Japan. Dieses wies die Kritik zurück und trat 1933 aus dem Völkerbund aus. Japan schloss das antikommunistische politische Bündnis mit Deutschland und Italien und wählte den Weg des faschistischen Angriffskriegs gegen die Welt. Im Jahre 1932 ermordeten die jungen Offiziere den Ministerpräsident Inukai (der Fall des 15. Mai) und erstrebten die Militarisierung des inneren Staatssystem auf der Basis des absoluten Tennosystems und des Gedankenguts der acht Weltgegenden unter einem Dach (Hakkoichiu)[7]. Viele Kommunisten wurden noch stärker unterdrückt und verhaftet, weil sie die Kriegspolitik kritisierten. Nicht wenige bekehrten sich vom Kommunismus zum irrationalen Japanismus.

Schneller Aufbau der Militärmacht; Abflauen des Kommunismus und Bekehrung davon; Verlust von Idealen und Ideen; Ausbreitung des Nihilismus; Rückkehr zum alten und guten Japanismus; Verherrlichung der japanischen Romantik in Wissenschaft und Kultur – in dieser politischen und gedanklichen Situation kam es zu zwei Fällen: dem Fall Takigawa im Jahre 1933 und dem Fall Minobe im Jahre 1935. In diesen Fällen wurde die Gedankenfreiheit der Rechtswissenschaftler gefährdet und unterdrückt. Um das Schicksal der Strafrechtswissenschaft und

---

7 Der Ursprung des Tennos reicht bis in die Geschichte des japanischen Altertums zurück. Der Tenno hatte religiöse Autorität als höchster shintoistischer Priester im Land, der das Reisfest (Niinamenomatsuri) verwaltet. Der Tenno verlor seine Autorität mit dem Zusammenbruch des alten Staates. Seit dem 15. Jahrhundert fand selbst ein liturgisches Shintofest nicht statt. Die Autorität des Tenno erstand seit dem 17. Jahrhundert neu. Nach der Meiji-Restauration von 1867 modernisierte die Meiji-Regierung einerseits den Staat und die Gesellschaft und es erstand andererseits die politische Macht und die religiöse Autorität des Tenno neu. Unter der Meiji-Verfassung hatte der Tenno die politische und militärische Macht und wurde als irdischer Gott mit der Befugnis für das liturgische Shintofest anerkannt. Um den Tenno zu verabsolutieren, wurde die Geschichte erfunden und verbreitet, dass der Tenno in einer ewigen und geraden Linie stehe und er ohne Unterbrechung durch die japanische Geschichte fließe. Die Japaner/innen glaubten, dass es ihre ehrenvolle Aufgabe sei, die Autorität und die Herrschaft des Tenno auf die Welt zu erweitern.

Die acht Weltgegenden der Idee von den acht Weltgegenden unter einem Dach (Hakkoichiu) bedeuten vier Richtungen und vier Ecken, also die Welt. Ein Dach bedeutet eine Familie. Deshalb bedeutet die Idee von den acht Weltgegenden unter einem Dach, die Welt zu einer Familie zu machen, deren Vater der Tenno ist. Das Wort von den acht Weltgegenden unter einem Dach kommt aus einem japanischen Geschichtsbuch von 720. Es ist das älteste authentische Geschichtsbuch (Nihonshoki) bis zur Nara-Zeit, das die Mythen und Legenden von der Gotteszeit vor dem ersten Tenno Jinmu (660 vor Christus–?) bis zum Tenno Jito (690–697) registriert. Der Gedanke von den acht Weltgegenden unter einem Dach wurde als die Ideologie zur Rechtfertigung des Angriffskriegs gegen China gebraucht.

der Strafrechtler zu kennen, muss man wissen, warum der klassische und objektivistische Strafrechtler Takigawa Opfer des Militarismus wurde.

(2) Das Schicksal des Strafrechtslehrers Takigawa

Takigawa Yukitoki wurde im Jahre 1891 geboren. Nach der Absolvierung der Universität Kyoto trat er im Jahre 1919 das Amt des außerordentlichen Professors bei der Universität Kyoto an. Takigawa hatte sehr starkes Interesse am aufklärerischen strafrechtlichen Gedankengut Beccarias und entwickelte seine liberale Strafrechtslehre einerseits auf der Grundlage der klassischen Strafrechtslehre Feuerbachs, andererseits unter dem Einfluss des im damaligen Japan sich ausbreitenden Marxismus[8]. Er nahm den Standpunkt der Vergeltungsstraftheorie und des Objektivismus ein und systematisierte die Verbrechenslehre auf der Grundlage der Tatbestandslehre von Beling und M.E. Mayer. Takigawa betonte nicht die staatliche Moralität und Kultur, sondern versuchte, das nulla-poena-Prinzip als Menschenrechtsgedanken zu begreifen und dadurch die strafende Staatsmacht zu begrenzen. Er erklärte seine liberale Strafrechtslehre in seinem Strafrechtslehrbuch (Keihodokuhon) von 1932. Das beste Mittel zur Verminderung der Verbrechen sei Verbesserung der realen Gesellschaft. Die politischen Verbrecher, die die Veränderung der Gesellschaft erstrebten, seien im Unterschied zu den allgemeinen Verbrechern ehrenhafte Täter. Das Strafgesetz, das nur den Ehebruch von Frauen als Verbrechen bestrafe, sei die Erscheinungsform der männlichen Klassenherrschaft gegen die Frauen. Bevor der Staat sich an Verbrechern mit Strafe räche, müsse er der sozialen Wirklichkeit in die Augen blicken, weil die Gründe der Verbrechen in der realen Gesellschaft selbst lägen. Die Bestrafung von Verbrechen ohne Aufklärung über die sozialen Gründe der Verbrechen sei furchtbares Unrecht[9].

Zur damaligen Zeit gab es in Kyoto viele regierungskritische Gebildete und linksorientierte und kommunismusfreundliche Universitätsprofessoren. Von ihrem Einfluss war die sozialwissenschaftliche Studentenbewegung inspiriert. Um ihre Kritik zu unterdrücken, warf das Kultusministerium im Jahre 1933 der liberalen Strafrechtslehre von Takigawa vor, sie sei kommunistisch und rot und

---

8 Über Takigawa's Lebenslauf vgl. *Nakayama*, a.a.O., S. 80 ff.; *Naito Ken*, Die Strafrechtslehre von Takigawa Yukitoki (Takigawa Yukitoki no Keihoriron), in: Die Gesamtforschung der Geschichte der Strafrechtstheorie, 1994, S. 537 ff.

9 *Takigawa*, Das Strafrechtslesebuch (Keiho Dokuhon), 1932, S15f. Vgl. *Odanaka Toshiki*, Die Strafverfahrensrechtslehre von Takigawa Yukitoki (Takigawa Yukitoki no Keijisoshohoriron), in: Die Gesamtforschung der Geschichte der Strafrechtstheorie, 1994, S. 598 ff.

entfernte ihn von der Universität Kyoto. Die vielen liberalen Universitätsprofessoren wandten sich gegen die Ausschliessung Takigawas und beschlossen, ebenfalls die Universität zu verlassen. Das Kultusministerium hatte sein Ziel, die „rote" Universität zu schwächen, erreicht.

(3) Die rechtslogische Allgemeinheit im Strafrechtsdenken Onos

Wie machte sich bei Ono, der wie Takigawa der Klassischen Schule angehörte und die objektivistische Verbrechenslehre vertrat, die Ausschließung Takigawas bemerkbar? Ono, der den Nationalismus und Individualismus im Strafrecht ablehnte und die Strafrechtslehre auf der Idee der Kulturgesellschaft systematisierte, vertrat 1936 die rechtslogische Allgemeinheit im Strafrecht[10]. Nach Ono war die rechtslogische Allgemeinheit die aufgehobene Form des Widerspruchs zwischen Autoritarismus-Nationalismus und Liberalismus-Individualismus im Strafrecht. Takigawa vertrat das die Strafmacht begrenzende Gesetzlichkeitsprinzip und wurde deswegen aus der Universität ausgeschlossen. Ono vertrat das auf der rechtlogischen Allgemeinheit gründende Gesetzlichkeitsprinzip. Ono sagte: Das Gesetzlichkeitsprinzip, das Takigawa vertretet habe, beruhe auf der primitiven liberalen Staatslehre und schwimme gegen den zeitlichen Strom. Damit habe es keine Lebenskraft mehr. Der Staat solle das Subjekt sein, das die Moralität verwirklicht, und das Recht solle der objektivierte Ausdruck des moralischen Geistes sein. Deshalb müsse der Staat als das die Moralität verwirklichende Subjekt moralisch sein. Da der Staat moralisch sein müsse, müsse er Rechtsstaat sein, der dem Gesetz als objektiviertem Ausdruck des moralischen Geistes folge.

Ono kritisierte 1932 den realen Staat, der die individuellen Verbrecher mit der Strafe als der härtesten Sanktion belegt, um sich selbst zu verteidigen. 1936 gab es solche Kritik in seiner Argumentation nicht mehr. Aber Ono erklärte keineswegs die Aufhebung der Idee der Kulturgesellschaft, die die Freiheit des Individuums für wichtig hält und den realen Staat kritisiert. Es blieb unklar, was unter dem Grundsatz der rechtlogischen Allgemeinheit zu verstehen sei und ob Ono sie mit der Idee der Kulturgesellschaft identifizierte. Onos Haltung war zweideutig. Tatsache ist aber, dass die kritische Idee in seiner Strafrechtslehre schwach wurde und damit dem realen Staat entgegenkam. Gab Ono diese Idee auf und passte sich der Wirklichkeit an oder passte er die prinzipiell beibehaltene Idee der Wirklichkeit an? Wenn Ono den letzteren Weg wählte, musste er

---

10 *Ono*, Die rechtslogische Allgemeinheit (Horigakuteki Fuhenshugi), in: Juristische Kritik (Hogaku Hyoron), Bd. 2 (1939), S. 19 ff.

den Neukantianismus aufgeben, der die Idee der Kulturgesellschaft und die Realität des Staates dualistisch trennt, und sich dem Hegelianismus anschließen, der im Staat und Individuum transzendierenden realen Dasein den kulturellen Wert der geistig wirkenden einheitlichen Gesellschaft findet.

Die japanische rechtslogische Erneuerung der Strafrechtslehre Onos

(1) Angriffskrieg oder Heiliger Krieg?

1937 begann der japanisch-chinesische Krieg. Die innere Politik veränderte sich drastisch, und es wurde das System des Volksganzen geschaffen. Das Innenministerium mischte sich in Presse und Journalismus ein und verstärkte die Kontrolle über die kritische Presse und über das akademische Leben an den Universitäten. Der Professor der Wirtschaftswissenschaft an der Universität Tokio, *Kawai Eijiro* (1891–1944), der den Marxismus kritisierte und den Liberalismus verteidigte, wurde vom Kultusministerium beurlaubt, weil er die Verflachung des Faschismus und des Militarismus kritisierte. Die Unterdrückung der liberalen Meinungsfreiheit wurde auch in Onos Universität verstärkt. Organisationen und ihre Bewegungen, die das Staatssystem und die Kriegspolitik kritisierten, durfte es nicht mehr geben. Wenn die Wissenschaftler und Gebildeten über Wissenschaft und Politik reden und Einfluss auf die Gesellschaft ausüben wollten, waren sie gezwungen, Mitglieder der systemtreuen Organisationen zu werden. Abstand vom Staatssystem zu halten war auch für die akademischen Organisationen nicht möglich.

Die sogenannte Showa-Arbeitsgemeinschaft (Showakenkyukai) war eine der akademischen, aber systemtreuen nationalpolitischen Organisationen. Sie war das Denkteam des Konoe-Kabinetts, und wurde von Wissenschaftlern und Journalisten im Bereich von Politik, Diplomatie, Jurisprudenz, Wirtschaft, Erziehung und Kultur u.s.w. organisiert. Sie untersuchte die Politik gegen China nach dem japanisch-chinesischen Krieg. Ihr gehörten auch ehemalige kritische Wissenschaftler und akademische Marxisten an. Sie schlugen einen Weltplan vor; er enthielt die sogenannte Lehre der Ostasiatischen Gemeinschaft. Deren politische Idee war die neue Ordnung Ostasiens. Japan müsse sich seiner Aufgabe bewusst sein. Sie bestehe in der Unabhängigkeit Ostasiens von der imperialistischen Einmischung Amerikas und der europäischen Staaten, in der Vereinigung Ostasiens und der Herstellung einer ostasiatischen Gemeinschaft. Der japanisch-chinesische Krieg wurde als ein Krieg gedeutet, der die amerikanische und europäische Einmischung und Herrschaft in Ostasien bricht und eine Ordnung im einem von ihnen unabhängigen Ostasien errichtet, die als Unternehmen mit der weltgeschichtlichen Aufgabe angesehen wird, die von den europäischen Ländern organisierte Weltordnung neu zu ordnen. Viele Wissenschaftler und Gebildete vertraten die Ansicht, dass Japan vom Mandschurei-Krieg von 1931 bis zum japanisch-chinesischen Krieg von 1937 nicht einen Angriffskrieg gegen China führe und nicht die Mandschurei kolonisiere, sondern um die Verwirklichung des moralischen Zwecks, die neue friedliche Ordnung in Ostasien zu herstellen, kämpfe, und dass dieser Kampf ein Heiliger Krieg sei.

(2) Überwindung der Moderne und Philosophie der Weltgeschichte

Um Ostasien von Amerika und den europäischen Ländern zu befreien und dort die neue friedliche Ordnung herzustellen, war die Radikalisierung und Erweiterung des Kriegs notwendig. Im Jahre 1938 wurde das Volksmobilisierungsgesetz erlassen und das staatliche System der Landesverteidigung verstärkt. Am 7. Dezember 1941 griff Japan Pearl Harbour aus der Luft an und begann damit den Krieg gegen Amerika und England. Das Volk begrüßte diesen in fanatischer Erregung. Die Regierung propagierte, der Krieg gegen China seit 1931 sei ein Krieg für Prinzipien der Gerechtigkeit, d.h. der Krieg für Groß-Ostasien (Daitoasenso). Die einflussreichen Kulturwissenschaftler und Philosophen der Universität Kyoto idealisierten, rechtfertigten und theoretisierten den Groß-Ostasiatischen Krieg. Die Kulturwissenschaftler argumentierten für „die Überwindung der Moderne", die Philosophen lasen über „die Philosophie der Weltgeschichte"[11].

Das Japan nach der Meiji-Restauration trat in einer Zeit der militärischen Unterdrückungen durch Amerika und die europäischen Länder in die internationale Welt ein. Der ostasiatische Staat Japan importierte die Wissenschaften und Kulturen aus Europa in den außereuropäischen Bereich und förderte seine Modernisierung. In Japan gab es zwar eigene Wissenschaften und Kulturen, aber sie waren vormodern und hatten keine Triebkräfte der Modernisierung. Als Folge davon, dass die europäischen Länder ihre wirtschaftlichen, wissenschaftlichen und kulturellen Einflüsse auf außereuropäische Bereiche wie Ostasien erweiterten, wurde die Welt zu einer europäischen Welt. Es entstand eine Ordnung, die von den europäischen Ländern begründet wurde. Die europäische Globalisierung absorbierte die ganze Welt. Diese Prozesse wurden Weltgeschichte genannt. Aber aus der Europäisierung der außereuropäischen Bereiche, insbesondere Ostasiens,

11 „Überwindung der Moderne" war das Thema der Gesprächsrunde von 13 Wissenschaftlern und Kulturvertretern im Jahre 1942. Dessen Inhalt wurde als „Überwindung der Moderne" 1943 veröffentlicht. „Philosophie der Weltgeschichte" war Thema der Gesprächsrunde von 4 Philosophen an der Universität Kyoto im Jahre 1942. Dessen Inhalt wurde als „Weltgeschichtliche Lage und Japan" 1943 veröffentlicht.

sollte ein Gegensatz zur europäischen Weltordnung und zur europäischen Weltgeschichte werden. Auch wenn Japan sich modernisiere, sei schon seine Existenz als nichteuropäisches Land ein Gegenpol und Widerspruch in der Weltordnung und Weltgeschichte. Ein Japan, das sich dieses Gegensatzes bewusst sei, wäre der Gegenpol schlechthin in der Weltordnung, und es wäre das negative Moment, das als Krieg zwischen Europa und Japan in Erscheinung tritt und die europazentrierte moderne Welt und Weltgeschichte zum Zusammenbruch und zum Ende führt. Der „Große Ostasiatische Krieg" sei eine notwendige Erscheinung in der Weltgeschichte, die aus dem toten Punkt der europäischen Weltordnung ausgegangen sei. Man könne dort die vernünftigen Kräfte und moralischen Energien finden, mit denen allein die Geschichte sich vorwärts bewegen könne. Japan müsse die europäische Moderne überwinden, um selbst zum Zentralstaat in Ostasien und Führer des gemeinsamen blühenden Groß-Ostasiens zu werden. Seine Aufgabe sei weltgeschichtlich sinnvoll und notwendig. Die sie verwirklichenden Wissenschaften und Kulturen müssten als einerseits enteuropäisiert und entmodernisiert, andererseits Ostasien umfassend und japanisch verstanden werden.

Der Angriffskrieg Japans wurde von einer Ideologie theoretisch gerechtfertigt, welche in der „Überwindung der Moderne" und der Philosophie der Weltgeschichte ihren Ausdruck fand. In dieser ideologischen Atmosphäre entwickelten auch die Rechtswissenschaftler eine Neigung in dieselbe Richtung.

(3) Der Grundcharakter der japanischen Rechtslogik

Um das Staatssystem wissenschaftlich zu unterstützen und zu verteidigen, wurde der Ausschuss zur Förderung der japanischen Wissenschaften gegründet und dessen Notwendigkeit mit einer Aufklärung der Rechtswissenschaft im japanischen Geiste begründet. Die Arbeitsgemeinschaft für japanische Rechtslogik, die im Jahre 1940 gegründet wurde, erstrebte die Klarstellung der japanischen Rechtslogik auf der Grundlage der ursprünglichen Bedeutung der japanischen Staatsidee und des aufgeklärten Denkens, Empfindens und Lebens des Volkes. Die Arbeitsgemeinschaft trug damit zur Begründung und Realisierung des neuen japanischen Rechtes im Sinne der Herstellung einer Groß-Ostasiatischen Rechtsordnung bei. Die dritte Abteilung dieser Arbeitsgemeinschaft war die Abteilung für Strafrecht. In dieser Abteilung wurde das Wesen der japanischen Rechtslogik und die Vereinheitlichung des Rechts und der Moralität auf der Grundlage des japanischen Geist und der japanischen Moralität erforscht. Ono Seiichiro war es, der das Amt des Ausschussvorsitzenden der Abteilung für Strafrecht antrat. Er schrieb viele Abhandlungen zum Strafrecht im Sinne der japanischen Rechtslogik und veröffentlichte im Jahr 1942 ein Buch.

Sein Titel war „Die selbstbewusste Entwicklung der japanischen Rechtslogik". Im Vorwort legte Ono seinen Standpunkt zur japanischen Rechtslogik dar[12].

> „Im Zusammenhang mit der Entwicklung der politischen Situation in Ostasien ist es für wichtig gehalten geworden, etwas Japanisches in aller Kultur zu reflektieren. Ich selber habe schon seit dreißig Jahren Interesse für einen eigenen Wert der japanischen und ostasiatischen Kulturen gehabt, der in europäischen Kulturen nicht gefunden werden kann. Ich bin davon überzeugt, dass es insbesondere einen schätzenswerten Gehalt im japanischen Buddhismus gibt. Während ich bis heute ständig die europäischen Rechtswissenschaften erforscht habe, kann ich doch nicht die Einsicht verleugnen, dass es etwas Japanisch-Ostasiatisches in meinem Empfinden gibt und es einen moralischen und rechtslogischen Sinn hat. Der kulturelle Sinn der europäischen Rechtswissenschaft darf nicht geringgeschätzt werden. Man muss erkennen, dass sie einen Wert als rechtstechnologische Kultur hat. Aber ich glaube, dass das Grundprinzip des japanischen Rechts die japanische Moralität und der japanische Geist sein soll. Die japanische Rechtswissenschaft muss die im japanischen Recht immanente reale und konkrete Substanzlogik aufgreifen. Die Substanzlogik des japanischen Rechts ist die japanische Sittlichkeit und Moralität. Weil die Rechtsphilosophie die Fortentwicklung der Lehre war, die nach europäischem Recht in Europa gestaltet worden war, berücksichtigt sie nicht die geistige Substanz des japanischen Rechts. So entstanden beispielsweise die logischen Formen der Vergeltungsstraftheorie und der Zweckstraftheorie in einem bestimmten Land und in einem bestimmten geschichtlichen Boden. Man denkt, dass diese Lehren in jedem Land angewendet werden könnten, weil deren Logik abstrakt und unjapanisch ist. Wir müssen auf dem Standpunkt der japanischen Rechtslogik und japanischer Moralität diesen Widerspruch aufheben."

Die japanische Strafrechtswissenschaft meinte, dass die Strafrechtslehre, die nach europäischem Recht in Europa gestaltet wurde, auch in Japan angewandt werden könne. Nach Ono war das nicht nur ein logischer, sondern auch ein inhaltlicher Widerspruch. Das diesen Widerspruch aufhebende Moment war das japanische Volk, die japanische Geschichte, die japanische Moralität und der japanische Geist. Deren Gesamtheit war die japanische Rechtslogik. Sie konnte nicht aus einem Gesetz deduziert werden. Sie war nicht die formalistische Logik wie die reine Rechtslehre es vertrat, sondern nur die lebendige Logik im japanischen Recht als einer Rechtsordnung. Das japanische Recht hatte japanische geschichtliche und nationale Eigenschaften und es gab auf seiner Grundlage die Natur der Sache, die das japanisches Recht so ermöglicht, wie es sein soll. Sie ist die japanische Moralität und der japanische Geist. Die bisherige japanische Rechtswissenschaft importierte die europäische Rechtswissenschaften und übernahm sie. Die japanische Rechtswissenschaft war nämlich die französische Rechtswissenschaft, die englische Rechtswissenschaft und die deutsche Rechtswissenschaft. Deshalb ist die echte japanische Rechtswissenschaft noch nicht

12 *Ono*, Die bewusste Entwicklung der japanischen Rechtlogik (Nihonhori no Jikakutekitenkai), 1942, S. 1 ff.

entwickelt. Die echte japanische Rechtslogik zu erhellen war die Aufgabe der japanischen Rechtswissenschaft. Die japanische Rechtslogik musste in diesem Sinn erforscht werden und sich auch in der Gesetzgebung entwickeln. Ono propagierte, dass die japanische Rechtswissenschaft in der neuen Weltgeschichte die japanische Rechtslogik entwickeln müsse, um zu der neuen Rechtsordnung Ostasiens und der Welt beizutragen, und folgte dem Strafrechtsreformprogramm von 1926, das vom Justizministerium als Leitfaden für die Reform des geltenden Strafgesetzbuchs von 1907 zusammengestellt worden war.

(4) Die methodologische Wandlung im Strafrechtsdenken Onos

Zu Beginn der 1930er Jahre suchte Ono nach einer Strafrechtslehre auf der Basis der buddhistischen Lehre und der Wertphilosophie der südwestdeutschen Schule und systematisierte die klassische objektivistische Verbrechenslehre aufgrund der Tatbestandslehre von Beling und M.E.Mayer. Sie war auch jene die bestrafende Strafmacht begrenzende Verbrechenslehre, die von der Idee der moralischen und kulturellen Gesellschaft herangezogen wurde.

Als aber der reale Staat in der zweiten Hälfte der 1930er Jahre der moralischen Staatsidee den Weg versperrte und die idealistische Kritik nicht mehr wie bisher vertreten werden konnte, hob Ono den Gegensatz und Widerspruch zwischen der strafrechtlichen Moralität und strafrechtlichen Realität durch die rechtslogische Allgemeinheit auf und schwächte nach und nach immer mehr ihren kritischen Geist. Warum wurde Ono von der Realität des Staates eingeholt und vertrat eine von dort erwartete Strafrechtslehre? Es gibt möglicherweise zwei Gründe. Der erste ist die Stellung Onos als Strafrechtler; er war Strafrechtler an der Universität Tokio. Tokio war die japanische Hauptstadt und politisches, wirtschaftliches und kulturelles Zentrum, von wo aus der Tenno über den Staat und die Bevölkerung herrschte. Es wurde nicht erlaubt, dass man nur in seinem Universitätsinstitut forschte und arbeitete. Es wurde verlangt, dass man sich seiner wissenschaftlichen Aufgabe bewusst sei und sie entwickelte. Ono forschte und arbeitete, um selber die japanische Rechtslogik bewusst zu entwickeln, die zur Herstellung der neuen Rechtsordnung in Japan und Ostasien beitragen sollte. Der zweite Grund war die Umkehrbarkeit der Idee der Kulturgesellschaft. Die Idee war zwar unbestimmt, aber sie konnte den realen Staat und das reale Strafrecht kritisieren, wenn sie als von der Wirklichkeit unterschieden aufgefasst wurde und mit der individuellen Freiheit verbunden wurde. Aber Ono verstand nicht mehr die Idee im Unterschied zur Wirklichkeit. Er fand die Idee der geistig mitwirkenden Gesellschaft in dem den Staat und das Individuum transzendierenden und rechtslogisch allgemeinen wirklichen Dasein. Das wirkliche Dasein aber war der Tenno. Ono konnte sich dem realen Staat und der realen Politik nur durch Änderung seiner methodologischen Position vom Neukantianismus zum Hegelianismus anpassen, jedoch ohne Veränderung der objektivistischen Verbrechenslehre. Wollte man den geschichtlichen Stammbaum der herrschenden Strafrechtslehren erklären, so könnte man auch heute noch nicht enden, ohne auf seine Tatbestandslehre, Unrechtslehre und Schuldlehre einzugehen, die er vor dem Zweiten Weltkrieg vertrat. Das ist alles andere als eine Überraschung.

Der erste Tenno Jinmu bestieg dem Thron im Jahre 660 vor Christus, und damit wurde das vom Tenno beherrschte Land, das Heilige Tennoreich, gegründet. Das Jahr 1941 war das 2600. Jahre seiner Geschichte. Nur der Tenno war die für Japan eigentümliche Idee, die den Staat und das Individuum binden und die geistige Volksmitwirkung bündeln kann. Japan begann in diesem Jahre den totalen Krieg gegen die Welt und versuchte die Herrschaft über Ostasien zu erlangen. Ono argumentierte im folgenden Jahre im Sinne einer Strafrechtsordnung für Groß-Ostasien, die einen Bereich der Welt einnehmen sollte. Er nannte das japanische Strafrecht das Strafrecht des Heiligen Tennoreichs. Seine Strafrechtslehre war immer eine solche mit dem Tenno.

Das Schicksal der Strafrechtslehre Onos

Das Heilige Tennoreich brach am 15. August 1945 zusammen. Der Führer der japanischen Rechtslogik Ono Seiichiro wurde 1946 aus seiner Position als Universitätsprofessor mit der Begründung entfernt, seine Strafrechtslehre sei in der Zeit des Zweiten Weltkriegs militaristisch gewesen. Indem das Heilige Tennoreich zusammenbrach, konnte Ono nach dem Zweiten Weltkrieg unmöglich Strafrechtsprofessor bleiben. Wie dachte er über die Maßnahme seines Ausschlusses aus der Universität? Er erinnerte sich daran im Jahre 1975[13]:

> „Ich war mit der Entlassungsurkunde sehr unzufrieden, die mich als nationalistischer 'Invasionstheoretiker' verdammte und mich aus dem öffentlichen Amt ausschloss. Ich habe damals 'die Invasion' niemals vertreten. Ich bin zwar Nationalist, aber im Sinne eines 'kulturellen' Nationalisten, der das Dasein und die Kultur des japanischen Volkes hervorhebt."

Die Begründung des Ausschlusses Onos kritisierte, dass die japanische Rechtslogik Onos ihren Ausgang beim militaristischen und invasionellen Nationalismus genommen habe. Der Staat, der ihn so verdammte, war ein entmilitarisierter Staat nach dem Zweiten Weltkrieg. Ono kritisierte ihn, weil er als kultureller Nationalist die Schaffung eines entmilitarisierten Staates nicht kulturell schätzte. Er begann seine Wiederaufrüstung als Verbündeter Amerikas in der

13 *Ono*, Der 15. August vor dreißig Jahren und ich, (Sanjunenmae no 8 Gatsu 15 Nichi to Watashi), in: Juristisches Seminar (Hogaku Seminar) Nr.242 (1975), S. 8.

Zeit des Kalten Krieges. Der kulturelle Nationalist erhielt im Jahre 1956 die Stelle eines speziellen Beraters des Justizministeriums. Er leitete und förderte die Strafrechtsreformarbeit, welche die geschichtliche Kontinuität der japanischen Rechtslogik vor dem Zweiten Weltkrieg übernahm. Der wiederaufgerüstete Staat brauchte den kulturellen Nationaljuristen. Ono starb am 16. März 1986, ohne Verantwortung für seine schuldige Handlung in der Kriegszeit übernommen zu haben.

Zur Methode und zum Gegenstand des Geschichtsverständnisses im japanischen Strafrecht

1. Einleitung

Es wurde bereits von einigen Strafrechtswissenschaftlern darauf hingewiesen, dass am Anfang des japanischen Strafrechts der Nachkriegszeit die Werte, die Philosophie und die Grundprinzipien der Verfassung stehen. Diese waren Teil einer Maßnahme, die einzig und allein der Überwindung des zu jener Zeit zu Krieg, Faschismus und Tyrannei genutzten Strafrechts sowie der Hinwendung zu Frieden, Demokratie und Freiheit diente[1].

Es muss betont werden, dass dies heute, 70 Jahre nach Kriegsende, noch immer ein wichtiges Thema darstellt, nicht nur weil es auf ewig von Bedeutung sein wird, sondern auch, weil Kräfte von gesellschaftlicher und politischer Seite, die diese Werte und Prinzipien einzuschränken versuchen, vermehrt aktiv werden. So scheint die Gefahr größer zu werden, dass die Lehren, die man aus dem Faschismus der Zeit vor dem Krieg gezogen hat, verblassen und vergessen werden und etwas Ähnliches in einer anderen Form noch einmal auftreten könnte. Um diese Gefahr zu verhindern, muss einerseits an den Zuständen, die diese Kräfte fördern, Kritik geübt und gegen diese Widerstand geleistet werden. Andererseits wird bereits daran gearbeitet, die Problematik des Strafrechts der Vorkriegszeit in Hinblick auf die Verfassung zu prüfen und dessen Überbleibsel zu entfernen[2].

Der folgende Beitrag widmet sich der Betrachtung dieser Art von Methoden zum Geschichtsverständnis des Strafrechts sowie Methoden zur Prüfung der gegenwärtigen Situation des Strafrechts.

---

1 Vgl. *Katsuyoshi Ikuta*, Ningen no anzen to keihō [Menschliche Sicherheit und Strafrecht], Hōritsu bunkasha, 2010. Nach der Ansicht Ikutas gelten die Ideen von Freiheit, Solidarität und Toleranz als Richtlinien für Auslegung und Anwendung des Strafrechts. Diese Richtlinien seien als Ideen des Verfassungsrechts zu bezeichnen.

2 *Hirofumi Uchida*, Nihon keihōgaku no ayumi to kadai [Entwicklung und Aufgaben der japanischen Strafrechtswissenschaft], Nihon hyōronsha, 2008. Uchida fasst die Strafgesetzgebung, Rechtsprechung und Strafrechtstheorien auf der Grundlage des japanischen Verfassungsrechts und der internationalen Menschenrechtsregeln zusammen und formuliert hieraus die gegenwärtigen Aufgaben des japanischen Strafrechts.

https://doi.org/10.1515/9783110684315-004

2. *Ein toter Winkel im Geschichtsverständnis des Strafrechts*

Dieser Beitrag möchte auf folgende Problematik aufmerksam machen: Norihiro Katō verglich vor etwa 20 Jahren die literarischen Arbeiten von Ango Sakaguchi und Osamu Dazai und argumentierte, dass beide zwar zynische Kritik an den etablierten Autoritäten in japanischen Literaturkreisen und deren Symbolik geäußert hätten, es aber unübersehbare Unterschiede in dem in ihren Werken zum Ausdruck kommenden Geschichtsverständnis gegeben habe[3].

Seine im April 1946 veröffentlichte „Theorie vom Niedergang" (*Daraku-ron*) begann Ango Sakaguchi mit den Worten „Die Zustände haben sich binnen eines halben Jahres verändert". Was hatte sich verändert, und wie? Junge Soldaten hatten ihr Leben dem Tennō, dem Kaiser, einem Gott in Menschengestalt, geopfert und starben wie herabfallende Blütenblätter. Die überlebenden, geschlagenen Soldaten weinten vor Scham. Aber ihre Tränen waren bald versiegt. Sie begannen, den Schwarzmarkt anzukurbeln, und mühten sich mit Schweiß auf den Wangen fleißig, um Geld zu verdienen. Am Morgen des Tages, als ihre Männer als Soldaten aufbrachen, hatten die Frauen ihre Tränen zurückgehalten und sich von ihnen verabschiedet. Aber schwand nicht schon ein halbes Jahr, nachdem sie von dem Tod ihres Mannes erfahren hatten, die Erinnerung an den Verstorbenen? Wandten sich diese Frauen nun nicht mit heißem Herzen anderen Männern zu? In diesem halben Jahr seit der Niederlage hatten sich die Zustände sicher verändert. Die Menschen aber hatten sich nicht im Geringsten verändert. Die Menschen in Japan erfuhren aufgrund der Kriegsniederlage große Veränderungen in Staat und Gesellschaft sowie die Ankunft eines neuen Zeitalters und erkannten im Zuge dessen die Notwendigkeit, auch sich selbst zu ändern und sich von den Altlasten in ihrem Inneren zu befreien. Zeigt sich aber in diesen lebendigen Veränderungen nicht schlicht und einfach die Natur der Japaner, die immer wieder im Einklang mit den wechselnden Zeitaltern ihre Kleidung gewechselt haben? Soweit die Argumentation Sakaguchis. Man kann sagen, dass Sakaguchi sich als Mitglied der „Schule der Unverantwortlichen" (*Buraiha*) überaus kaltschnäuzig über die Japaner der Zeit nach der Kriegsniederlage äußerte.

Katō weist allerdings darauf hin, dass Sakaguchis scharfe Kritik an den Japanern nur durch den Antrieb des neuen Windes, der nach dem Krieg wehte, möglich war. Man stellte es sich folgendermaßen vor: Zwischen der Zeit vor dem Krieg und der Zeit nach dem Krieg gibt es eine Schleuse. Diese Schleuse wurde durch die Niederlage geöffnet, und das lang ersehnte Wasser der Nachkriegszeit fließt

---

3 *Norihiro Katō*, „Sengogo-ron" [Über das Danach nach dem Krieg], in: Haisengo-ron [Nach der Kriegsniederlage], Kōdansha, 1997, S. 134 ff.

in die Zeit vor dem Krieg. Das Wasser der Nachkriegszeit, voll von Frieden und Demokratie, Freiheit und Gleichheit, strömt in die ausgetrocknete Vorkriegszeit. In diesem Strudel waschen sich die Japaner rein und passen sich an die Verhältnisse der Nachkriegszeit an.

Sakaguchi hatte diese sich an die Zeiten anpassenden Japaner jedoch nicht vor dem Krieg getadelt, als die Freiheit versiegt war, sondern erst nach dem Krieg, als sich die Zustände verändert hatten und die Welt voll von Freiheit war. In diesem Sinne trifft das Bild des Nachkriegsjapaners auch auf Sakaguchi zu. Gleichwohl liegt das von Katō angesprochene Problem nicht darin begründet, dass Sakaguchi erst nach dem Krieg zu erzählen begonnen hatte. Dass Sakaguchi den neuen Wind der Nachkriegszeit als Rückenwind nutzte und das Bild des sich an die Zeiten anpassenden Japaners diskutierte, stört Katō nicht; stattdessen stellt er zur Diskussion, dass Sakaguchi bei seiner Argumentation diesen Rückenwind mit den Worten „das ist nicht mein Anteil" seiner eigenen Haltung nach dem Krieg nicht anzurechnen bereit war.

Katō kritisiert Sakaguchis Haltung deshalb, weil es innerhalb der „Schule der Unverantwortlichen" jemanden gab, der nach dem Krieg keine einzige Zeile im diesem Stil geschrieben hatte: Osamu Dazai. Zu Sakaguchis „Theorie vom Niedergang" bemerkte Dazai: „Die Zustände haben sich kein bisschen geändert. Mir scheint, er redet dummes Zeug." Er machte sich über Sakaguchi lustig, der mit dem Rückenwind der Nachkriegszeit Theorien über Japaner erfand, und verglich ihn mit einem „Fuchs auf dem Rücken eines Pferdes".

Wo liegt nun der Unterschied zwischen Dazai und Sakaguchi? Auch Dazai sah eine Schleuse zwischen der Zeit vor und nach dem Krieg. Aber auch wenn sich diese Schleuse durch die Kriegsniederlage geöffnet hatte, würde kein Wasser aus der Nachkriegszeit herausfließen, und es würde nach dem Krieg auch kein neuer Wind wehen. Mit der Niederlage kam die Nachkriegszeit, aber damit hatte sich für die Zeit vor dem Krieg nichts verändert. Dass Japan den Krieg verloren hatte, dass ein neues Zeitalter angebrochen war, war für Dazai von keinerlei Bedeutung. Seiner Ansicht nach blieb er selbst in dem Zustand der Zeit vor dem Krieg, solange er sich nicht selbst änderte. Obwohl sich die Schleuse öffnete, passte sich Dazai nicht an die Nachkriegszeit an. Sakaguchi bewegte sich in der Welt, die sich nach dem Krieg verändert hatte; Dazai dagegen befand sich auch danach noch immer in der Zeit vor dem Krieg[4].

---

4 Das heißt jedoch nicht, dass Sakaguchi mit der Vorkriegszeit abgeschlossen und Dazai noch in der Zeit vor dem Krieg gelebt hätte. Vielmehr werden in Dazais Haltung die existenzialistischen Gedanken der Nachkriegszeit sichtbar. *Osamu Kuno* und *Shunsuke Tsurumi* erklären den Existenzialismus der Nachkriegszeit in Gendai Nihon no shisō.

Was war wohl der Grund für Dazais eigensinnige Haltung? Vermutlich war er der Meinung, dass zu dem Zeitpunkt, in dem sich die Zustände im neuen Wind änderten und das Wasser der Nachkriegszeit mit Wucht die Zeit vor dem Krieg einfach hinweg wüsche, würden die Japaner, die sich an die Verhältnisse der Nachkriegszeit angepasst haben, in den Strudel des neuen Zeitalters eingesogen, was sie zu willenlosen Wesen werden ließe, woraufhin sich die Geschichte wiederholen würde. Katō stellt dem Narrativ Sakaguchis nach dem Krieg die eigensinnige Haltung Dazais gegenüber, weil er selbst dem Geschichtsverständnis Dazais zustimmte.

Betrachtet man die Zeit vor dem Krieg mit der Nachkriegszeit als Maßstab, so zeigt sich eine Vielzahl von Dingen, die auf Ablehnung stoßen müssen. Wenn aber Sakaguchi die Vorkriegszeit auf der Grundlage der Verhältnisse nach dem Krieg verneint, so ist er, indem er die Vorkriegszeit ablehnt und mit der Nachkriegszeit verschmilzt, selbst bloß einer jener von ihm kritisierten Japaner, die sich an die jeweilige Zeit anpassen und ihre Kleidung den Verhältnissen entsprechend wechseln. Aufgrund seines militaristischen und menschenrechtsfeindlichen Charakters wurde das Strafrecht der Vorkriegszeit auf der Grundlage des

---

Sono itsutsu no uzu [„Japanisches Denken der Gegenwart – Fünf Spiralen“ (Iwanami, 1956) wie folgt: In jenem Monat zwischen August und September 1945 wurde Japan heftig erschüttert, so als ob dies den achtzig Jahren der Geschichte des japanischen Staats seit der Meiji-Restauration bis zum Jahr Shōwa 20 (1945) entsprechen sollte. Als sich die Frage danach stellte, ob Widerstand geleistet und weitergekämpft, oder die Ordnung wiederhergestellt werden sollte, sprach sich schließlich der Hartnäckigste der Nationalisten, Hidezo Toyama, für die „Beichte des gesamten Volkes“ (*Ichioku sōzange*) aus. Der Kaiser, der das Symbol für den gerechten Krieg gewesen war, entledigte sich seiner Uniform und suchte General McArthur auf. Obwohl Hidezo Toyama, der Kaiser, Naruhiko Higashikuni, Masaaki Kosaka sowie Kotaka Otsuma allesamt hochrangige Unterstützer der japanischen Militarismus waren, war es Ihnen ein Leichtes, sich den demokratischen Verhältnissen nach dem Krieg anzupassen, zumal sie alle einmal selbst Demokraten gewesen waren. Da sich im Laufe der japanischen Geschichte die politischen Verhältnisse im Staate häufig geändert hatten, erinnerten sich Menschen wie Sohō Tokutomi, die fast 100 Jahre gelebt hatten, daran, wie sie, obwohl gestern noch Militarist, wieder zu der Körpertemperatur eines Demokraten zurückkehrten, wenn es die Umstände erforderten: „Diese Denker verstanden es sehr gut ihre Temperatur zu regulieren und erkälteten sich nie.“ Jüngere Menschen aber hatten die Erfahrung, zu dieser Zeit einmal Militarist und zu jener Zeit einmal Demokrat gewesen zu sein, nicht gemacht, selbst wenn sie noch so sehr in ihrem Inneren danach suchten. Sie waren lediglich Kleinmilitaristen, die sich von den hochrangigen Großmilitaristen führen ließen. Diese Großmilitaristen wendeten sich schließlich wieder Frieden und Demokratie zu, während sie die Köpfe der Kleinmilitaristen im Sumpf von Krieg und Faschismus stecken ließen. Kuno und Tsurumi gehörten zu den Jungen dieser Zeit. Ihrer Einschätzung nach stellt der Existenzialismus der Nachkriegszeit eine ablehnende Haltung gegenüber einer den Veränderungen der Verhältnisse entsprechend unsteten Denkweise dar. So gelten die von Dazai nach dem Krieg geschriebenen Werke als typisches Beispiel für die existenzialistische Tendenz in jener Literatur, die sich mit der Wendung nach dem Krieg beschäftigte.

rechtlichen Wertesystems der Nachkriegszeit in seiner Gänze abgelehnt. Im Strafrecht und in der Strafrechtsforschung war ein Neuanfang nur unter der Bedingung möglich, dass die Zustände vor dem Krieg abgelehnt und die Grundsätze der Nachkriegszeit berücksichtigt wurden. Die Nachkriegsverfassung und das Strafrecht sind in dieser Hinsicht also gleich, wodurch das Strafrecht zu einem Strafrecht nach Art von Sakaguchi wurde.

Im Gegensatz dazu blieb Dazai auch nach dem Krieg in dem Zustand, in dem er auch vor dem Krieg war und vertrat weiterhin die Ansicht, dass er mit seinem Selbst aus der Vorkriegszeit identisch, und von dem Wertesystem der Nachkriegszeit verschieden sei. Die Strafrechtler verlangten nach dem Krieg ein Strafrecht nach Art von Sakaguchi und tun dies auch heute, haben sich aber nie mit einem Strafrecht nach Art von Dazai auseinander gesetzt. Dieses Strafrecht ist mit dem Wasser der Nachkriegszeit hinweg gespült worden. Genau hier, in der Vermeidung dieses Dialogs, liegt der tote Winkel im Verständnis der Strafrechtsgeschichte.

3. Die geschichtliche Phase der „Bewegung für japanische Rechtsvernunft" (Nihon Hōri Undō)

Wie muss man sich ein gesondertes Strafrecht vorstellen, das selbst angesichts der Veränderungen im rechtlichen Wertesystem der Nachkriegszeit weiterhin Zustimmung findet? An der Entwicklung eines solchen Strafrechts arbeitete die „Bewegung für japanische Rechtsvernunft" vor dem Krieg. Zwei der Strafrechtler, die sich an dieser Bewegung beteiligten, waren Seiichirō Ono und Chihiro Saeki[5].

5 Zur Analyse der Strafrechtslehren von Ono und Saeki in der Bewegung für die japanische Rechtsvernunft vgl. *Ken'ichi Nakayama*, Saeki, Ono hakase no 'Nihon hōri' no kenkyū [Untersuchung der japanischen Rechtsvernunft Onos und Saekis], Seibundō, 2011. Vgl. ebenso *Minoru Honda*, „Rekishi to keihōg aku" [Zeitgeschichte und Strafrecht], in: Ritsumeikan Hōgaku (Rechtswissenschaft Ritsumeikan), Nr. 326, 2009, S. 1 ff.; *Ders.*, „Keihōshi ni okeru hōrigaku-teki fuhenshugi no tenkai" [Die Entwicklung des rechtsphilosophischen Universalismus in der Strafrechtsgeschichte], in: Ritsumeikan Hōgaku, Nr. 333/334, 2011, S. 1287 ff. (Wiederabdruck in *diesem* Band); *Ders.*, „Keihō-shi ni okeru kako to no taiwa (1) (2)" [Ein Gespräch mit der Vergangenheit der Strafrechtsgeschichte, Teil 1 u. 2], in: Hō to Minshushugi, Nr. 462, 2011, S. 35 ff., und Nr. 463, 2011, S. 82 ff. (Wiederabdruck in *diesem* Band); *Ders.*, „Keihō no ideorogī-teki kiso to hōgaku hōhō-ron" [Die ideologischen Grundlagen und die juristische Methodenlehre im Strafrecht], in: Ritsumeikan Hōgaku, Nr. 344, 2012, S. 567 ff. (hrsg. von Minoru Honda und Ji-hyun Park, Geschichtsverständnis und Vergangenheitsbewältigung im Strafrecht, Bunrikaku, S. 122 ff.). Vgl. auch *Minoru Honda*, „100 Jahre japanisches Strafgesetzbuch – das japanische Strafrecht in Zeitgeschichte und Gegenwart", in: Journal der Juristi-

Seiichirō Ono, geboren 1891, begann im Jahre 1919 als Assistenzprofessor für Strafrecht an der juristischen Fakultät der Tōkyō-Universität zu arbeiten. Er erhielt bald eine eigene Professur und wurde schließlich im Jahr 1946 als ungeeignet befunden und entlassen. Saeki, geboren im Jahr 1907, wurde 1932 Assistenzprofessor für Strafrecht an der juristischen Fakultät der Kyōto- Universität. Nach dem Skandal an der Kyōto-Universität 1933 beendete er seine Arbeit und erhielt eine Professur für Strafrecht an der juristischen Fakultät der Ritsumeikan-Universität. Im darauf folgenden Jahr wurde er jedoch wieder an die Kyōto-Universität berufen, richtete dort einen Lehrstuhl ein und wurde ebenfalls im Jahr 1947 als ungeeignet befunden und entlassen. Grund für die Entlassung dieser beiden Strafrechtler war ihre Beteiligung an der Bewegung für japanische Rechtsvernunft in der ersten Hälfte der 1940er Jahre.

Versucht man eine Einschätzung der strafrechtlichen Arbeiten dieser beiden im Tenor der Nachkriegszeit, so war ihr Strafrecht ein Strafrecht des Kaisers, ein Strafrecht des Totalitarismus, der Unterdrückung der Menschenrechte und der Kriegspolitik. Und damit ein Strafrecht, das unter der Nachkriegsverfassung nicht existieren durfte. Das rechtliche Wertesystem der Nachkriegszeit bewirkte, dass Ono und Saeki, die beide dem Krieg und dem Faschismus gedient hatten, für ihre Strafrechtsforschung scharf kritisiert und der Universität verwiesen wurden. Wenn man jedoch ihre Lebensläufe näher betrachtet, erfährt man, dass die beiden sich nicht von Anfang an um ein Strafrecht für den Kaiserstaat bemüht hatten. Dementsprechend kann ihre Forschung aus der Zeit vor ihrer Beteiligung an der Bewegung für japanische Rechtsvernunft nicht auf dieselbe Art und Weise verurteilt werden.

In den 1920er Jahren und Anfang der 1930er kritisierte Ono die zu dieser Zeit vorherrschende positivistische und subjektivistische Strafrechtslehre und formulierte basierend auf einer wertbezogenen Methode der Begriffsbildung des Neukantianismus einen objektivistischen Ansatz auf der Grundlage der Tatbestandslehre. Auch Saeki forschte in den 1930ern zu deutschem Strafrecht und entwickelte, davon stark beeinflusst, selbst eine objektivistische Strafrechtstheorie. Die Arbeit dieser beiden wird auch heute noch von vielen Strafrechtswissenschaftlern weitergeführt. Der subjektivistischen Strafrechtslehre zufolge liegt das Wesen des Verbrechens in der menschlichen Subjektivität und dem

---

schen Zeitgeschichte, 3/2008, S. 110 ff.; *Ders.*, „Überwindung der Moderne im Strafrecht – Entstehung, Entwicklung und Schicksal der japanischen Rechtslogik vor dem Zweiten Weltkrieg“, in: Journal der Juristischen Zeitgeschichte, 1/2010, S. 10 ff.; *Ders.*, „Über den rechtsphilosophischen Universalismus in der japanischen Strafrechtsgeschichte – eine kritische Betrachtung über den Strafrechtsgedanken Seiichiro Onos zur Zeit des Zweiten Weltkriegs“, in: Ritsumeikan Law Review, Nr. 31, 2014, S. 1 ff. (alle zuletzt genannten Beiträge wiederabgedruckt in *diesem* Band).

menschlichen Inneren begründet; im Gegensatz dazu misst der objektivistische Ansatz den äußeren Umständen einer Handlung große Bedeutung zu. Ono und Saeki vertraten letzteren Ansatz und setzten sich für eine Einschränkung des Vollzugs der Strafgewalt des Staates ein. In dieser Hinsicht waren beide in ihrer Forschung den vorherrschenden Lehren gegenüber kritisch eingestellt, und auf die Entwicklung einer menschenrechtsfreundlichen Strafrechtslehre bedacht.

Trotzdem beteiligten sich sowohl Ono als auch Saeki ab etwa 1940 bis zum Kriegsende an der Bewegung für japanische Rechtsvernunft. Aus welchem Grund? Waren sie der Überzeugung, dass es in ihrer Verantwortung liege, in einer Zeit, in der die Tendenz stark in Richtung Krieg und Faschismus ging, an einer solchen Bewegung teilzunehmen und dazu beizutragen? Oder beugten sie sich dem System des Staates trotz Vorbehalt, weil die Redefreiheit während des Krieges eingeschränkt wurde? Oder aber dachten sie, sie könnten, da sich sicher auch andere der Bewegung anschließen würden, durch die eigene Beteiligung den Einfluss der Bewegung für japanische Rechtsvernunft schwächen?

Die Frage nach der Motivation für die Beteiligung der beiden an der Bewegung für japanische Rechtsvernunft ist sicher höchst interessant. An dieser Stelle muss jedoch zunächst betrachtet werden, wie ihre Teilnahme an der Bewegung zu bewerten ist. Im Falle Onos beispielsweise kann man sicher Kritik an seinem „Treuebruch" durch die Abkehr von einer menschenrechtsfreundlichen Strafrechtslehre und die Zuwendung zur Bewegung für japanische Rechtsvernunft äußern. Allerdings gibt es auch die Meinung, man könne kaum von einem Menschen erwarten, dass er sich in diesen schwierigen Zeiten allein gegen das bestehende System auflehnt[6]. Auch in Bezug auf Saeki gibt es jene, die Saekis Beteiligung an der Bewegung für japanische Rechtsvernunft verständnisvoll als eine „Unregelmäßigkeit" in seiner Laufbahn als Wissenschaftler ansehen und das Anschwimmen gegen die gewaltige Welle des fanatischen Nationalismus für unmöglich halten[7]. Da es in einer Zeit des Kriegs und des Faschismus, in der

6 Vgl. *Koichi Miyazawa*, „Ono Seiichirō no keihō riron" [Die Strafrechtslehre von Seiichirō Ono], in: Tsuneo Kikkawa, Ken Naitō, Ken'ichi Nakayama, Toshiki Odanaka und Makoto Mitsui (Hrsg.), Keihō riron-shi no sōgō-teki kenkyū [Überblick über die Geschichte der Strafrechtstheorien], Nihon Hyōronsha, 1994, S. 512 ff.; *Akira Maeda*, Jenosaido-ron [Über Völkermord], Aoki Shoten, 2002, S. 225 ff. Maeda bezeichnet Onos Strafrechtsdenken als „Strafrechtswissenschaft der Eroberung". Diese Einschätzung wiederum gründet er auf Widerstand und Befreiung kolonialisierter Länder, deren Unabhängigkeit nach dem Krieg und Veränderungen in internationalen Beziehungen.

7 *Kazushige Asada*, „Tātobesutanto-ron" [Die Tatbestandslehre], in: Hanzai to Keibatsu, Nr. 18, 2008, S. 36; *Ders.*, „Saeki keiji hōgaku no keisei to tenkai" [Entstehung und Entwicklung der Strafrechtswissenschaft Saekis], in: Keihō Zasshi, Nr. 48, Heft 1, S. 75; *Toyoji Saitō*, „Keihō-shi oyobi keihō shisō kenkyū" [Strafrechtsgeschichte und Strafrechtsdenken], in: Hanzai to Keibatsu, Nr. 18, 2008, S. 129.

fanatischer Nationalismus herrschte, schwierig gewesen sei, seine bislang vertretene kritische Strafrechtslehre auch weiterhin geltend zu machen, habe Saeki es nicht geschafft, sich dem Strom der Zeit zu entziehen, und so sei ihm keine andere Wahl geblieben, als sich der Bewegung für japanische Rechtsvernunft anzuschließen.

Unabhängig davon, ob diese Art von Bewertung nun angemessen ist oder nicht, muss man beachten, dass die Bewegung für japanische Rechtsvernunft sowie die Beteiligung daran in der Geschichte des Strafrechts in ihrer Ganzheit als eine Art von Ausnahmezustand, von Verrat und Perversion aufgefasst werden. Die Einschätzung, dass diese Tendenz der Bewegung zu Militarismus und Despotismus eine Ausnahme gewesen sei, wird damit begründet, dass dies einen Teil der Geschichte des Strafrechts darstelle, der vom starken Wind des Friedens und der Demokratie getroffen mit dem Strom der Nachkriegszeit hinweg gespült werden sollte.

Aber gibt es nicht noch weitere Teile der Geschichte des Strafrechts, die hinweg gespült werden sollten? Gibt es nicht auch Abschnitte vor dem Krieg, die nach Kriegsende nicht durch Frieden und Demokratie klar herausgestellt wurden, oder Teile der Strafrechtsgeschichte, die im Schatten von Krieg und Faschismus versteckt gehalten wurden? Auch wenn sich die Schleuse geöffnet hat und der Wind weht, und auch vor dem Hintergrund des rechtlichen Wertesystems der Nachkriegszeit, gibt es da nicht einen distinkten Teil der Strafrechtsgeschichte, der sich dem Wertesystem widersetzt und auch weiterhin aufrecht erhalten wird? Wenn hierin die Gefahr von Krieg und Faschismus liegt, ist dies dann nicht in Wahrheit von noch wesentlicherer Bedeutung für Krieg und Faschismus? Und besteht nicht die Aufgabe des Geschichtsverständnisses im Strafrecht darin, eben dies deutlich zu machen?

Wenn diese Art von Verständnis zutreffend ist, braucht es noch einen weiteren Blickwinkel. Dieser muss darüber aufklären, durch welche Aspekte Kriegsmaßnahmen und faschistische Politik in den Tiefen des Rechtsdenkens und der juristischen Grundbegriffe konkret unterstützt wurden. Dass Strafrecht und Strafrechtsforschung der Kriegspolitik und dem Faschismus gedient hatten, ist eine unbestreitbare Tatsache. Aber selbst wenn alle militaristischen und despotischen Elemente nach Maßgabe der Nachkriegsverfassung entfernt wurden, bedeutet dies nicht, dass das Strafrecht und die Strafrechtsforschung bedingungslos in friedlicher und demokratischer Form wiedererwachen. Dieses Problem ist nicht so einfach zu lösen. Die strafrechtsgeschichtliche Forschung muss auch jenen Dingen Beachtung schenken, die von der Nachkriegsverfassung nicht betrachtet werden. Es müssen diese Dinge betrachtet werden, die der Positivist Sakaguchi nicht sehen wollte und die für Dazai sichtbar waren. Aus diesem Grund bezieht sich dieser Beitrag auf Dazais Kritik an Sakaguchi. Die Phase der Strafrechtsgeschichte vor dem Krieg muss von Dazais Blickwinkel aus betrachtet werden.

4. Das Scheitern von Naturalismus und der Wertphilosophie im Strafrechtsdenken

Es ist nicht einfach, die Strafrechtsgeschichte vor dem Krieg von einem Dazai'schen Blickwinkel aus zu betrachten. Versucht man, wie Sakaguchi, die Geschichte des Strafrechts vor dem Krieg auf der Grundlage des Wertesystems der Nachkriegserfassung einzuordnen, so hebt sich dabei wohl lediglich der dieser Wertvorstellung widersprechende Teil, also die Bewegung für japanische Rechtsvernunft, an der Ono und Saeki beteiligt waren, deutlich davon ab. Durch eine solche Einordnung würde die Bewegung für japanische Rechtsvernunft, die dem Krieg und dem Faschismus diente, in der modernen Strafrechtsgeschichte seit der Meiji-Restauration sowie in der von Ono und Saeki betriebenen Strafrechtsforschung als ein pervertierter Teil oder als ein Treuebruch mit der bisherigen Forschung beurteilt. Der Rest der Strafrechtsgeschichte würde als Gegenstand der kritischen Betrachtung aber außen vor gelassen.

Man darf den Blick jedoch nicht nur auf die unmittelbar mit Krieg und Faschismus in Verbindung stehende Bewegung für japanische Rechtsvernunft richten, sondern muss auch den nicht direkt damit zusammenhängenden Aspekten der Strafrechtsgeschichte Aufmerksamkeit schenken. In Bezug auf ihre Strafrechtstheorien hatten Ono und Saeki sich sicher nicht von Anfang an zu Krieg und Faschismus hin orientiert, ungeachtet dessen aber wandten sie sich der Bewegung für japanische Rechtsvernunft zu. Der Blick muss auf die Gründe und Ursachen dessen gerichtet werden. Obwohl es keine direkte Verbindung zwischen Krieg und Faschismus in Onos und Saekis Strafrechtslehren gab, wandten sie sich diesen zu. Folglich müssen die tief in diesen Strafrechtslehren verborgenen Tendenzen ans Licht gebracht werden. An dieser Stelle soll Onos Strafrechtsforschung der zweiten Hälfte der 1930er zur Illustration dienen. Hierbei handelt es sich gewissermaßen um seine Forschung der Übergangsphase, bevor er sich der Bewegung für japanische Rechtsvernunft anschloss.

Wie bereits erwähnt wurde, versuchte sich Ono, als er in den 1920ern mit seinen Forschungen zum Strafrecht begann, an der Entwicklung einer auf der juristischen Methodenlehre des Neukantianismus basierenden Strafrechtstheorie; ab Ende der 1930er Jahre verlegte er seinen Schwerpunkt jedoch auf die rechtsphilosophische Forschung. Zu dieser Zeit wurde er offenbar stark von der Rechtsphilosophie Julius Binders sowie von Hans Welzels Ideologiekritik in Bezug auf das Strafrecht beeinflusst[8]. Diesen beiden war gemeinsam, dass sie in Bezug auf die juristische Methodenlehre Kritik an naturalistischen und positivistischen Tendenzen sowie am wertphilosophischen Ansatz des Neukantianismus übten und eine ontologische Rechtslehre vom Standpunkt des Neuhegelianismus vertraten.

Binder war in der Zeit vor dem Zweiten Weltkrieg Professor am Lehrstuhl für Rechtsphilosophie der Universität Göttingen. Unter dem Einfluss von Binders Rechtsphilosophie nutzte Welzel diese zu einer strafrechtsbezogenen Ideologiekritik. In der Zeit ab Ende des 19. Jahrhunderts bis zu Beginn des 20. Jahrhunderts war das positivistische Rechtsdenken vorherrschend gewesen, welches sich aber bald zu verflüchtigen begann; stattdessen weitete die kritische Begriffsjurisprudenz des Neukantianismus auf der Grundlage einer wertbezogenen Erkenntnistheorie ihren Einfluss aus. Binder und Welzel kritisierten deren abstrakt-erkenntnistheoretischen Charakter und traten in den 1930ern für einen konkret-ontologischen Rechtsbegriff aus der Position des neuhegelianischen absoluten Idealismus ein. Ono fand später in diesem Übergangsprozess dieser Methodenlehre den Anlass für seinen Sinneswandel, der ihn sich der Bewegung für japanische Rechtsvernunft zuwenden ließ.

Dass Georg Wilhelm Friedrich Hegel die Französische Revolution hoch schätzte und dass er meinte, die Welt befinde sich nun auf dem Höhepunkt des Denkens, ist allseits bekannt. Gedanken und Ideen, die zuvor nur in der Theorie existiert hatten, waren nun in die Tat umgesetzt worden. Die Gedanken jener Philosophen, die Kritik an der feudalen Welt der Vormoderne sowie der menschlichen Lebensweise geäußert und neue Ideale für Staat, Gesellschaft, und für das Leben der Menschen entwickelt hätten, seien Wirklichkeit geworden. Demnach gebe es in der modernen Welt keine Diskrepanz zwischen Sein und Sollen mehr. Das,

8 *Seiichirō Ono*, „Hēgeru-shugi-teki hōritsu tetsugaku. Binder, Grundlegung zur Rechtsphilosophie (1935)“ (Die hegelianische Rechtsphilosophie […]). *Ders.*, Naturalismus und Wertphilosophie im Strafrecht, in: Seiichirō Ono, Hōgaku hyōron (ge) (Die juristische Kritik Bd. 2), Yūhikaku. Zu Binders Rechtsphilosophie vgl. *Hiroshi Suekawa* und *Kazuo Amano*, Hōgaku to kenpō [Rechtswissenschaft und Verfassungsrecht], Daimeidō, 1966, S. 180 f.; *Ken Takeshita*, „Hō shisō ni okeru zentaishugi e no michi“ [Der Weg zum Totalitarismus], in: Nachisu hō no shisō to genjitsu [Denken und Wirklichkeit im nationalsozialistischen Recht], Kainsai Daigaku Hōgaku Kenkyūjo, 1989, S. 3 ff.; *Ders.*: Ein Weg zum Totalitarismus. Der rechtsphilosophische Wendepunkt Julius Binders, in: ARSP 79 (1993), S. 237 ff.; *Eckart Jakob*, Grundzüge der Rechtsphilosophie Julius Binders, 1996; *Ralf Dreier*, Julius Binder (1870–1939) – Ein Rechtsphilosoph zwischen Kaiserreich und Nationalsozialismus, in: Recht und Staat – Vernunft. Studien zur Rechtstheorie 2, S. 142 ff., Frankfurt am Main (Zuerst erschienen in: Fritz Loos (Hrsg.), Rechtswissenschaft in Göttingen. Göttinger Juristen aus 250 Jahren, Göttingen 1987, S. 435 ff.) übers. von *Minoru Honda*, in: Ritsumeikan Hogaku, Nr. 350, 2013, S. 543 ff.

was sein soll, sei bereits vorhanden. Was ist, ist, weil es sein soll. Es sei unnötig, darüber nachzudenken, was außer dem bereits Seienden noch sein sollte.

Solange Produktion und Verteilung stabil sind, existieren die wirtschaftliche Aktivität des modernen Kapitalismus und seine Rechtsordnung so, weil sie existieren sollen. Da dies so ist, ist es unnötig, darüber nachzudenken, wie die kapitalistische Wirtschaft und deren Rechtsordnung sein sollten. Eine empirische Betrachtung der real existierenden kapitalistischen Wirtschaft und der korrespondierenden Rechtsordnung ist ausreichend. Das positivistische Rechtsdenken spiegelt die dieser Art von moderner Weltanschauung zustimmende Seite wider.

Wenn sich aber grundlegende Widersprüche in der kapitalistischen Wirtschaft offenbaren, zeigt sich bald, dass hier etwas existiert, das nicht sein sollte. Es wird deutlich, dass das eine gesellschaftliche Extrem Reichtum und Macht bei sich vereint, während das andere Extrem in Armut und Abhängigkeit getrieben wird. So kamen viele zu der Ansicht, dass das, was ist, so nicht sein sollte, dass die reale Welt nicht aus den Dingen besteht, die sein sollen und dass das, was sein soll, sich noch immer auf die Welt der Ideen beschränkt. Diese Anschauung diente ihnen schließlich als Maßstab für Erkenntnisgewinn und Kritik an der Wirklichkeit. Die Existenz einer Rechtsordnung oder eines Rechtssystems und die Frage danach, ob diese Rechtsordnung oder dieses Rechtssystem existieren sollte oder nicht, müssen auf vollkommen unterschiedliche Weise diskutiert werden. Die Rechtswissenschaft sollte auf der Grundlage der bestehenden Rechtsordnung oder -systems die Idee einer idealen Rechtsordnung oder -systems entwerfen. Wenn das bestehende Rechtssystem nicht den rechtlichen Ideen oder Werten entspricht, so liegt die Aufgabe der Rechtswissenschaft darin, dieses Rechtssystem von einem ideellen Standpunkt aus kritisch zu prüfen[9]. Hierin besteht das neukantianische Rechtsdenken, und hierin liegt auch der Grund, warum es als kritischer Idealismus bezeichnet wird.

Seiichirō Ono hatte sich gleich zu Beginn seiner Forschungsaktivität mit dem neukantianischen Rechtsdenken befasst und übte auf der Basis der von ihm idealisierten Vorstellung einer kulturellen Gemeinschaft und kultureller Gerechtigkeit Kritik an der vorherrschenden Strafrechtslehre sowie an den Vorhaben einer Strafrechtsreform. Zu dieser Zeit war jedoch ein gewisses Maß an Redefreiheit gegeben; nachdem die freie Rede eingeschränkt worden war, wurde Onos kritischer Ton immer leiser. Diese Tendenz wird insbesondere ab der Zeit nach dem Takigawa-Vorfall 1933 deutlich.

9 Zur geschichtlichen Entwicklung des Rechtsdenkens seit der Moderne vgl. *Yoshiomi Mishima*, Hō shisō-shi [Geschichte des Rechtsdenkens], Seirin Shoin, 2003, S. 318 f.

5. Das Aufkommen des Neuhegelianismus im Rechtsdenken

Welche Haltung nahm Ono, der sich für den Entwurf eines idealen Strafrechts basierend auf der neukantianischen Methodenlehre ausgesprochen hatte, zu der Zeit ein, als die Tendenz zu Krieg und Faschismus begann, sich zu verstärken? Er verwarf jene Methodenlehre, die ein kritisches Verständnis des bestehenden Rechts aus der Welt der Ideen und Werte heraus vertrat, und suchte im Gegensatz dazu in der realen Welt nach Ideen und Werten. Die theoretischen Anhaltspunkte hierfür hatten ihm Binder und Welzel geliefert.

Im Strom der Zeit, von der Niederlage im Ersten Weltkrieg bis zur Weimarer Revolution und von sozialer Unsicherheit hin zum Faschismus, in den die Gesellschaft Deutschlands hineinstürzte, bewegte sich der Bezugspunkt der Rechtswissenschaft vom positiven Recht hin zu den Rechtsideen und richtete sich schließlich auf den dahinterstehenden Begriff von Staat und Volk. Die Niederlage Deutschlands im Ersten Weltkrieg und die demütigende Behandlung als Verlierernation durch den Vertrag von Versailles rief in den Deutschen ein Wir-Bewusstsein und Stolz auf ihr Volk hervor.

Die durch die Kriegsniederlage hervorgebrachte Weimarer Verfassung war nichts anderes als ein Produkt des Rationalismus und Individualismus der westeuropäischen Moderne. Doch der Krieg, in dem Deutschland sich gegen die USA und verschiedene Länder Europas stellte, barg die Idee einer größeren Mission in sich, und die weltgeschichtliche Bedeutung dessen lebt noch immer weiter. Diese Mission und diese Pflicht aber wurden durch die Niederlage negiert, und Stolz und Selbstwertgefühl des Volkes wurde beschmutzt. Zu der Zeit, als der Unmut der Bevölkerung über den Rest Europas bereits überkochte, trieb Hitler seine Bewegung für das deutsche Volk voran, um den nach dem Ersten Weltkrieg durch den Vertrag von Versailles geraubten Stolz des deutschen Volkes wiederherzustellen, und viele Bürger fanden hierin einen geistigen Ausweg.

Zu dieser Zeit ließen Binder und Welzel die Lehre Hegels „was vernünftig ist, das ist wirklich; und was wirklich ist, das ist vernünftig" wieder aufleben und legten auf die Revolution durch das deutsche Volk die Ideen und Werte des deutschen Staats und Rechts. In seiner Forschung zum Rechtsdenken wechselte Binder vom Neukantianismus zum Neuhegelianismus über und, davon beeinflusst, begann auch Welzel sich zu der neuen, Naturalismus und Neukantianismus gegenüber kritisch eingestellten Strafrechtslehre vorzutasten. Ihnen zufolge gab es kein allgemeines, abstraktes Recht; das sei totes Recht. In Deutschland gebe es im Augenblick nur das im deutschen Volke lebendige unmittelbare und konkrete Recht, und das sei das deutsche Recht. Da es die Seele des deutschen Volkes sei, die den deutschen Staat und das deutsche Recht ausmache, könne ohne diese Seele weder Staat noch Recht bestehen. Der Neukantianismus behandle zwar rechtliche Ideen und Werte, dabei handele es sich allerdings um substanzlose, leere Begriffe, die in der Sphäre der Wirklichkeit bloß umherirrten. Sie basierten auf Idealen und besäßen keinerlei reale Kraft. Binder und Welzel hissten die Flagge dieses neuhegelianischen Rechtsdenkens und setzten alles daran, die historische Pflicht des deutschen Volkes in der Rechtswissenschaft zu verwirklichen.

Ono führte die Methode der beiden ab Mitte der 1930er Jahre fort und begann, innerhalb der japanischen Wirklichkeit nach rechtlichen Ideen und Werten zu suchen. Er tat dies nicht etwa, weil die Redefreiheit in Zeiten des Kriegs und Faschismus eingeschränkt wurde. Vielmehr war ihm während seiner Beschäftigung mit japanischen und buddhistischen Dingen die moderne westeuropäische Wissenschaft, auf die er seine Arbeit bislang aufgebaut hatte, mit einem Mal banal vorgekommen, und so wandte er sich dem Japanischen zu.

Ono verfasste einen Kommentar zur Kundgebung der Bekehrung (*Tenkō Seimei*), welche Manabu Sano, Vorsitzender der Kommunistischen Partei Japans, 1933 in Haft veröffentlicht hatte. Darin schreibt Ono, Sano habe durch die intensive Lektüre buddhistischer Schriften im Gefängnis einen tiefen Glauben an das Tennō-System entwickelt[10]. Sano empfand die Studien des Buddhismus und der Kokugaku (Studien zur japanischen Nation) als sehr tiefgründig. Im Vergleich zu den in seiner Jugend breit rezipierten westeuropäischen modernen Wissenschaften waren für ihn die ostasiatischen Weisheiten reicher an Tiefsinn, taten komplexe Phänomene nicht sofort als irrational ab, und besaßen die Kapazität, die Gesamtheit der Dinge zu erfassen. Die Erklärung der Komintern an die japanischen Kommunisten, es bestehe ein Widerspruch zwischen dem totalitaristischen Tennō-System und dem modernen Kapitalismus und Kommunismus, weshalb dieses System auf dem Weg zu einer demokratisch-sozialistischen Revolution in Japan gestürzt werden müsse, sei eine zusammenhanglose Behauptung, die frei von jeder Weisheit sei. Einzig und allein das Tennō-System mache die Geschichte Japans und die japanische Kultur zu dem, was sie sind, und sei tief im Geiste der Japaner lebendig.

So fühlte wohl nicht nur Sano; auch Ono war sicher dieser Meinung. Die Bevölkerung konnte kaum noch atmen, Möglichkeiten zur Meinungsäußerung in Bezug auf die Gesellschaft waren stark begrenzt, und man ging auf Kurs in Richtung Krieg und Faschismus. Diese politischen Umstände zwangen Ono zu einer Entscheidung. Auf diese Weise in die Enge getrieben, griff er wohl eilig

---

10 *Seiichirō Ono*, „Shisō-han to shūkyō" [Gedankenverbrechen und Religion], in: *Ders.*, Hōgaku hyōron (ge) [Juristische Kritik Bd. 2], Bd. 2, S. 387 ff.

zum Rechtdenken Binders und Welzels. In seinem Inneren erlosch die moderne Strafrechtswissenschaft langsam und wurde bald verdrängt. Ono begab sich auf den Weg zur Erschaffung einer alles umfassenden japanischen Rechtswissenschaft. Die bisherige japanische Rechtswissenschaft war von der europäischen Rechtswissenschaft überlagert worden. Um diese wieder aufzubauen und seine weltgeschichtliche Pflicht zu erfüllen, entwickelte er eine japanische Rechtsvernunft auf dem Gebiet des Rechtsdenkens zur Überwindung der Moderne[11].

Wenn es nicht nur die Phänomene des Kriegs und Faschismus waren, sondern auch die diese Phänomene unterstützende „Überwindung der Moderne“ in der Metaphysik, die Ono dazu veranlassten, sich der Bewegung für japanische Rechtsvernunft zuzuwenden, so lässt sich das Problem nicht allein dadurch lösen, dass man das rechtliche Wertesystem der Nachkriegszeit auf das Strafrecht der Zeit vor dem Krieg überträgt und alle militaristischen und despotischen Elemente daraus entfernt. Vielmehr ist dazu eine kritische Analyse des Prozesses der Überwindung der Moderne im Strafrecht notwendig. Es kommt nun darauf an, die folgenden Punkte kritisch zu einzuordnen und daraufhin ein neues Rechtsdenken zu entwickeln. Der Neukantianismus verbreitete sich als Reflexion der Widersprüche, die der Kapitalismus mit sich brachte. Die idealistische Erkenntnistheorie hatte dessen grundlegende Ursachen nicht ausreichend klären können. Der Neuhegelianismus schließlich kam als eine gedankliche Reaktion auf den Neukantianismus auf. Dieser bezog sich auf die politische und gesellschaftliche Realität, so wie sie war, und betrachtete diese Realität als Realisierung von Ideen. Die Hegelianer der 1930er Jahre verkamen zu Verfechtern eines absoluten Idealismus, die die irrationale Realität auf der dialektischen Ebene anhand von Ideen analysierten. Ihre Methodenlehre sollte kritisiert, und stattdessen für ein neues Rechtsdenken eingetreten werden.

Bezüglich der japanischen Ideengeschichte sind hier einerseits die von der Kyōtoer Schule vertretene Theorie der Überwindung der Moderne sowie andererseits die von Yojūrō Yasuda entwickelte Theorie der Sterbenden Moderne zu nennen. Es gilt, diese gedanklichen Strömungen im Kontext der politischen Umstände der 1940er Jahre kritisch zu analysieren[12]. Zwar stand dieses Denken an

11 Im Vorwort von *Seiichirō Onos* Hōgaku hyōron Bd. 1 (1938) heißt es, dem japanischen Volk komme als Kenner sowohl der ostasiatischen als auch der westeuropäischen Kultur die Aufgabe zu, eine neue Sphäre östlicher Kultur zu errichten. Im Vorwort von *Die bewusste Entwicklung der japanischen Rechtsvernunft* (1941) schreibt er hingegen, die japanische sei der westlichen Kultur überlegen, weil sie die Kultur Ostasiens in sich aufgenommen habe.

12 Zunächst müssen die folgenden Schriften über japanisches Denken und die Literaturkritik in den Kontext der Strafrechtsgeschichte eingeordnet werden: *Tetsutarō Kawakami* /

sich womöglich nicht direkt mit Krieg oder Faschismus in Verbindung. Als aber die Zeit des Kriegs und Faschismus anbrach, setzte man diese Bewegung mit dem Aufstieg Japans in die Ränge der Weltmächte gleich, weil sich dieses Denken der Versuchung eines irrationalen Zeitgeistes nicht entziehen konnte. Das Rechtsdenken bildete hierbei keine Ausnahme.

Hat jemals eine Auseinandersetzung mit dem auch innerhalb des Rechtsdenkens die Moderne überwindenden japanischen Geist auf der Grundlage des rechtlichen Wertesystems der Nachkriegszeit stattgefunden? Oder bleibt dieser Geist ein gesondertes Objekt in diesem System? Liegt die japanische Geisteskultur in den Tiefen des japanischen Rechts begründet? Oder aber sind dies gefährliche Gedanken, die unter Verschluss bleiben müssen? Der Dazai'sche Blickwinkel wirft einige dieser bisher nicht gestellten Fragen auf.

6. Strafrechtswissenschaft vor dem Krieg?

Der Neuhegelianismus hatte sich mit einer politischen Bewegung verbunden, die das nach dem Ersten Weltkrieg durch den Versailler Vertrag verloren gegangene Deutschland wiederherzustellen versuchte, und seinen Einfluss ausgeweitet. Die japanische Bewegung der 1940er wurde zwar sowohl direkt als auch indirekt vom Neuhegelianismus beeinflusst, aber im Japan jener Zeit war man mit dieser Art von politischen Fragen nicht unmittelbar konfrontiert. Es ist das Japan der Gegenwart, eine geschlagene Nation, welche sich nach dem Zweiten Weltkrieg mit dem Friedensvertrag von San Francisco mit dieser Art von Fragen konfrontiert sieht. In dieser Hinsicht lassen sich Ähnlichkeiten zwischen Deutschland nach dem Ersten Weltkrieg und Japan nach dem Zweiten Weltkrieg feststellen.

Bei der Analyse jenes Rechtsdenkens, auf das sich die Bewegung für japanische Rechtsvernunft während des Zweiten Weltkriegs stützte, gelangt man beim neuhegelianischen Rechtsdenken des Deutschlands nach dem Ersten Weltkrieg an. Im heutigen Japan, welches trotz seiner großen Mission im Krieg geschlagen wurde und nun sein verlorenes Selbst zurückzuerlangen versucht, wird nun wieder nach einem solchen Rechtsdenken verlangt. Sobald Politiker davon zu sprechen beginnen, dass, um einen stolzen Staat und ein stolzes Volk zu beschützen,

---

Yoshimi Takeuchi u.a., Kindai no chōkoku [Die Überwindung der Moderne], Fujibō Hyakka Bunko, 2004; *Iwao Takayama*, Sekai-shi no tetsugaku [Die Philosophie der Weltgeschichte], Kobushi Bunko, 2001; *Yojūrō Yasuda*, Nihon no hashi [Japans Brücken], Shingakusha, 2002 usw. Eine philosophische und ideengeschichtliche Betrachtung der „Überwindung der Moderne" bietet *Wataru Hiromatsu*, 'Kindai no chōkoku'-ron. Shōwa shisō-shi no isshikaku [Die „Überwindung der Moderne". Ein Blick auf die Ideengeschichte der Shōwa-Zeit], Kōdansha, 1989.

ein Krieg unter dem Motto „Selbstversorgung und Selbstverteidigung“ vorbereitet werden müsse, sieht sich das Strafrechtsdenken von irrationalen Mythen und Träumereien der Geschichte in Versuchung geführt, und ein neuer Krieg und ein neuer Faschismus sind nicht mehr weit entfernt. Ob der bevorstehende Krieg und Faschismus vermieden werden kann, hängt vom Selbstverständnis des Strafrechtsdenkens ab.

Ein Dialog mit der Vergangenheit des japanischen Strafrechts*

1. Einleitung

In seinem Werk *Entwicklung und Aufgaben der japanischen Strafrechtswissenschaft* analysiert Hirofumi Uchida die moderne japanische Strafrechtsgeschichte anhand von drei Gesichtspunkten. Indem er die Geschichte der Strafgesetzgebung, der strafrechtlichen Präzedenzfälle und der Strafrechtstheorie zueinander in Beziehung setzt, verweist er auf dringende, von der Strafrechtswissenschaft bisher ungelöst gebliebene Aufgaben. Hierzu zählen die theoretische Ausrichtung von Strafrechtsreform und Strafgesetzgebung, basierend auf den Grundsätzen der Verfassung und internationalen Menschenrechtsbestimmungen, sowie die Kritik an den sich hiervon entfremdenden Strafprozessfällen sowie Strafgesetzgebung, und ferner die Errichtung eines demokratischen Strafrechts, das der Doktrin der „bürgerlichen öffentlichen Sicherheit" (*Shimin-teki chian-shugi*)[1] und einer Überflutung durch Strafgesetzgebung entgegenzutreten vermag. All dies folgt aus einer Analyse der Realität des Strafrechts der Zeit vor dem Krieg sowie deren theoretischer Einordnung und erfüllt für die gegenwärtige und zukünftige theoretische Positionierung der japanischen Strafrechtswissenschaft die Funktion eines Kompasses. Im zweiten Abschnitt mit dem Titel „Die Entwicklung der Strafrechtswissenschaft im Japan der Vorkriegszeit, 5. Faschistische Periode" aus dem vierten Kapitel „Die Entwicklung der japanischen Strafrechtswissenschaft" werden die Arbeit an einer umfassenden Reform des Strafrechts und die „Bewegung für japanische Rechtsvernunft" (*Nihon Hōri Undō*)[2] als wichtige Betrachtungsgegenstände genannt. Dies dient vor allem der Feststellung, ob die verfassungs- und menschenrechtlichen Bestimmungen, die

---

* Erstabdruck in: Ritsumeikan Law Review, International Edition Nr. 33, June 2016, S. 1–11. Deutsche Übersetzung mit Unterstützung von *Sophia Müller* (Frankfurt am Main).

1 Shimin-teki chian-shugi 市民的治安主義 Shimin-teki (bürgerlich) bezieht sich auf den Begriff des Bürgerstrafrechts, chian auf das Strafrecht der öffentlichen Sicherheit (Chian Keihō). Letzteres bezeichnet in Anklang an das Gesetz zur Aufrechterhaltung der öffentlichen Sicherheit (Chian Iji Hō) eine Strafrechtspolitik, die vor allem auf Kontrolle und Unterdrückung setzt und dem Bürger immer weniger Rechte zugesteht. Uchida zufolge ist das Strafrecht der Nachkriegszeit, welches sich nach den demokratischen und freiheitlichen Prinzipien der Verfassung richten sollte, untergraben von der chian-Doktrin in Form von strenger Kontrolle durch die öffentliche Verwaltung.

2 Nihon Hōri Undō 日本法理運動 Hōri stellt einen eher ungebräuchlichen Begriff dar, der auch mit „Rechtsprinzip" oder „Rechtsgrundsatz" übersetzt werden könnte, für den hier aber aufgrund seiner Unbestimmtheit die Übersetzung „Rechtsvernunft" gewählt wurde.

https://doi.org/10.1515/9783110684315-005

das Strafrechtssystem der Vorkriegszeit und dessen Gedankengut in seiner Gesamtheit ablehnen, nach dem Krieg in der japanischen Strafgesetzgebung, den Strafprozessfällen und der Strafrechtswissenschaft verankert wurden, bzw. wie weit man davon noch entfernt ist.

So bleibt Uchida zufolge auch in anderen Rechtsgebieten außerhalb des Strafrechts eine Vielzahl an Fragen bezüglich der Einordnung der Bewegung für japanische Rechtsvernunft als Vertreter einer faschistischen Strafrechtstheorie noch immer unzureichend beantwortet[3]. Dieser Beitrag macht es sich zum Ziel, den Gründen hierfür nachzugehen. Die bisher unzureichende theoretische Einordnung der Bewegung für japanische Rechtsvernunft deutet darauf hin, dass auch in der gegenwärtigen Strafrechtswissenschaft die Gefahr des Wiederauflebens eines faschistischen Strafrechts nicht beseitigt ist. Noch heute sieht sich die japanische Strafrechtswissenschaft der Bedrohung durch Totalitarismus und Faschismus gegenüber. Sollte sich die japanische Strafrechtswissenschaft noch nicht aus dieser Starre befreit haben, muss dies zuerst geschehen, bevor man sich den von Uchida aufgeworfenen Fragen zuwendet. Hierzu muss man sich zunächst mit jenem verhängnisvollen Gedankengut, welches die japanische Strafrechtswissenschaft in ihrer Weiterentwicklung hemmt, auseinandersetzen.

2. Verortung des Themas

Angesichts des Erlasses des Gesetzes zur Aufrechterhaltung der öffentlichen Sicherheit (*Chian Iji Hō*), welches den *Kokutai*[4] als höchstes zu schützendes Rechtsgut proklamierte, der Verkündung des „Grundrisses einer Strafrechtsreform" und der Aufnahme der Arbeit an einer Strafrechtsreform, welche die vollkommene Rückkehr zum Tennō-System mit direkter Herrschaft des Kaisers anstrebte, forderte Yazoji Kazahaya inmitten dieser „Verfinsterung des Zeitalters" als schärfster Kritiker bösartiger Gesetze die umgehende Wiederaufnahme des „nulla poena sine lege"-Grundsatzes und wurde so Opfer des Gesetzes zur Aufrechterhaltung der öffentlichen Sicherheit. Trotz allem gab Kazahaya nicht auf, begann stattdessen mit der Übersetzung und Herausgabe von Beccarias *Dei*

3 Vgl. *Hirofumi Uchida*, Nihon Keihōgaku no Ayumi to Kadai [Entwicklung und Aufgaben der japanischen Strafrechtswissenschaft] (Nihon Hyōronsha, 2008), S. 145 ff. Vgl. hierzu außerdem die Rezension von *Minoru Honda*, „Rekishi to Keihōgaku" [Geschichte und Strafrechtswissenschaft], Ritsumeikan Hōgaku Nr. 326 (2010), S. 833 ff.

4 *Kokutai* 国体 etwa „Staatskörper", auch „Staatswesen". Dieser Begriff wurde vor allem in der Zeit ab Ende des 19. Jh. bis zum Zweiten Weltkrieg als wesentlicher Bestandteil der Herrschaftsideologie des jap. Kaiserreiches genutzt und bezeichnet in diesem Zusammenhang die Vorstellung des Staates als einer Art Familie (oder Organismus) mit dem Kaiser an der Spitze.

delitti e delle pene („Von den Verbrechen und von den Strafen") und setzte sich für die Verbreitung des „nulla poena sine lege"-Grundsatzes als Widerstandsgedanken ein. Zur selben Zeit vertrat Yukitoki Takigawa in seinem *Strafrechtslesebuch* eine liberalistische Strafrechtstheorie, aus welchem Grund er gezwungen wurde, die Universität zu verlassen. Doch auch Takigawa verteidigte weiterhin den „nulla poena sine lege"-Grundsatz und sprach sich für das Analogieverbot sowie für die Bedeutung von gesellschaftlichen und wirtschaftlichen Faktoren in der Diskussion um die Ursachen für Verbrechen aus. Indem er außerdem die Art der Ausübung der staatlichen Strafgewalt kritisierte, leistete er Widerstand gegen eine Zeit, in der sich Denken und freie Meinungsäußerung in der Krise befanden. Um den *Kokutai* und das *Ie-seido*[5] vor den immer heftiger werdenden Bewegungen der Bauern- und Arbeiterklasse sowie vor systemfeindlichem Gedankengut zu schützen, wurde eine Ausweitung des Strafsystems zur Unterdrückung dieser angestrebt. Dass inmitten einer solchen Zeit die Bemühungen, eine fortschrittliche, liberalistische Strafrechtstheorie in die Tat umzusetzen, fortgeführt wurden, stellt einen für die japanische Strafrechtsgeschichte besonders erwähnenswerten Umstand dar. Allerdings schwammen viele Strafrechtswissenschaftler mit dem Strom, indem sie das System unterstützten. Sie zeigten sich opportunistisch, unterstützten den „Großostasiatischen Krieg" und das absolutistische Tennō-System, und passten ihre eigenen strafrechtstheoretischen Positionen an die Ideologie des *Kokutai* und die herrschende Kriminalpolitik an. Hier boten die politischen Umstände einen Anblick, der vom Idealzustand sehr weit entfernt war. Dies mag man gedanklicher Unsicherheit zuschreiben; allerdings gab es auch Menschen, die erkannt hatten, dass es in der eigenen Verantwortung liegt, zu versuchen, von selbst zu einer Erkenntnis über die Situation zu gelangen. Und auch nachdem die Bewegungen der Bauern- und Arbeiterklasse zerschlagen worden waren, gab es Menschen, die sich einig waren, man müsse als Intellektueller versuchen, mit dem letzten Widerstand des Gewissens den Schaden möglichst in Grenzen zu halten, und die in dieser Situation ebenso großen Einsatz zeigten. Diese Anpassung an die politischen Umstände fand in unterschiedlichen Ausprägungen und aus verschiedenen Gründen statt, jedoch waren es nicht wenige Strafrechtswissenschaftler, die fortan das Strafrecht des japanischen Kaiserreichs lehrten und zur Bewegung für japanische Rechtsvernunft beitrugen. Wie aber konnte es dazu kommen?[6]

---

5 Ie-seido 家制度 Wörtl. „Haussystem". Hierbei handelt es sich um die traditionelle Organisationsform von Familienverbänden in der japanischen Gesellschaft, mit festen hierarchischen Strukturen und einem Hausherrn an der Spitze. Heute hat sich dieses System weitestgehend gelockert.

6 Eine brillante Darstellung der unglücklichen Situation, in der sich die Intellektuellen in Japan vor und während des Krieges befanden, findet sich bei Ikuo Arakawa, *Shōwa*

Zwar führt Uchida den Namen Seiichirō Ono an, welcher sich bewusst für die Bewegung für japanische Rechtsvernunft einsetzte und diese als einer der zentralen Strafrechtswissenschaftler anleitete. Den Namen von Chihiro Saeki allerdings, der sich etwas später der Bewegung für japanische Rechtsvernunft anschloss und sich mit Themen wie „Das Selbstverständnis japanischer Dinge im Strafrecht" oder „Die im Strafrecht ersichtliche japanische Tradition" beschäftigte, findet keine Erwähnung. Auch der Name Kazahaya wird in der Strafrechtsgeschichte der Zeit nach der Bewegung für japanische Rechtsvernunft außen vorgelassen. Im Zuge des *Kyūdai*-Zwischenfalls[7] wurde Kazahaya aus seiner Lehrposition entfernt; er übte Kritik am Gesetz zur Aufrechterhaltung der öffentlichen Sicherheit und verteidigte den „nulla poena sine lege"-Grundsatz, woraufhin er als Wissenschaftler innerhalb des „Shōwa Forschungsverbandes" (*Shōwa Kenkyū Kai*) einen Artikel mit dem Titel „Der Weg zur Herstellung der Ordnung auf der Grundlage von Wissenschaft und Volk" veröffentlichte. Entgegen dem Eindruck, den der Titel dieser Abhandlung erwecken mag, maß Kazayaha der Idee einer „Ostasiatischen Gemeinschaft" eine fortschrittliche Bedeutung bei und bot eine rationale Begründung für die Art und Weise, in der sich das Japanische Reich auf dem chinesischen Festland ausbreitete[8]. Erst nach Ende des Zweiten Weltkrieges wurde man auf die Namen dieser beiden Männer aufmerksam. Als Strafrechtstheoretiker der Zeit vor dem Krieg lag ihnen in der Nachkriegszeit daran, ihr Denken von damals fortzuführen und weiterzugeben. Ungeachtet des Erlasses einer neuen Verfassung wurde aufgrund der unangemessenen Ausübung von staatlicher Polizei- und Strafgewalt in einer politisch angespannten Situation, in welcher man beabsichtige, das „Strafrecht der öffentlichen Sicherheit" (*Chian Keihō*) wiedereinzusetzen und zu verschärfen, nach einer widerstandsfähigen Strafrechtstheorie zum Schutz von Menschenrechten verlangt. Die Strafrechtstheoretiker der Vorkriegszeit traten nun als alte Verfechter dieser Anschauung in Erscheinung. Der Grundsatz der strafbaren

---

Shisō-shi [Geschichte des Denkens der Shōwa-Zeit] (Asahi Sensho, 1989). Der vorliegende Beitrag stützt sich in einigen gedanklichen Ansätzen auf die Analyse Arakawas.

7 *Kyūdai jiken* 九大事件: 1927 wurden fünf Professoren der juristisch-philosophischen Fakultät der Kyūshū-Universität von ihrem Dienst suspendiert.

8 *Yasoji Kazahaya*, „Kagaku to Kokumin to no Kiso ni tatsu Jikyoku Shūshū e no Michi" [Der Weg zur Herstellung der Ordnung auf der Grundlage von Wissenschaft und Volk], in: Kōron, Neujahr-Sonderausgabe Januar (1940) 126 ff. Eine Analyse der Grundzüge von Kayahazas Forschungstätigkeit vor und während des Krieges bietet *Michitoshi Takabatake*, „Seisan-ryoku Riron – Ōkōchi Kazuo, Kazahaya Yasoji" [Theorien der Produktionskraft. Kazuo Ōkōchi und Yasoji Kazahaya], in: Shisō no Kagaku Kenkyū-kai (Hrsg.), Kyōdō Kenkyū Tenkō (chū) [Gemeinschaftsforschung – Die Wende (Bd. 2)] (Heibōsha, 1960), S. 226 ff. Jedoch befasst sich diese Darstellung nicht mit Kazahaya als Strafrechtstheoretiker.

Rechtswidrigkeit sowie der der Zumutbarkeit, welche in der Nachkriegszeit eine bedeutende Rolle spielten, indem beispielsweise im Zuge der Arbeiterbewegungen der Nachkriegszeit die Rechte der Arbeiter und das Leben des einfachen Volkes vor der gewaltsamen Unterdrückung durch die Kapitaleigner geschützt wurden, sind laut Uchida der Strafrechtslehre Saekis aus der Zeit vor dem Krieg zu verdanken. Weiterhin sieht Uchida den japanischen Ursprung des „nulla poena sine lege"-Grundsatzes, welcher die gedankliche Grundlage von Freiheit und subjektiven Rechten darstellt, nicht bei der von Takigawa nach dem *Kyōdai*-Zwischenfall[9] entwickelten Theorie, sondern konstatiert, dass dieser in der bereits zuvor von Kazahaya und Saeki aufgebauten Forschung zu suchen sei[10]. Jedoch hielten sich sowohl Saeki mit seinen Worten und Taten in Bezug auf die Strafrechtswissenschaft innerhalb der Bewegung für japanische Rechtsvernunft als auch Kazahaya mit seinen Versuchen zur Umsetzung seiner Theorie bezüglich der Idee der „Ostasiatischen Gemeinschaft" nie zurück. Wenn man nun argumentiert, dass sie trotz alledem in Erwartung des Kriegsendes bereits heimlich an jener Strafrechtslehre arbeiteten, nach der in der Nachkriegszeit verlangt werden sollte, so stellt dies vermutlich nur eine von vielen möglichen Sichtweisen in Bezug auf die Geschichte der Strafrechtswissenschaft dar.

Geht man allerdings nach diesem Verständnis der Strafrechtsgeschichte, so beschränkt man sich bei der kritischen Betrachtung der Strafrechtstheorie des faschistischen Japans vor dem Krieg vor allem auf die fanatische Strafrechtslehre Onos, welcher die Bewegung für japanische Rechtsvernunft anführte. Ein Verständnis der Geschichte des Strafrechts, das von als moderat angesehenen Strafrechtslehren und der *Kokugaku*-Schule[11] geprägt ist, bleibt dabei außer Acht. Onos strafrechtswissenschaftliche Schriften wurden auch Gegenstand der Kritik, weil sie im Widerspruch zum Wertesystem der Verfassung standen, während andere Theorien nicht unmittelbar kritisch betrachtet wurden und im Aufräumprozess innerhalb der Strafrechtsgeschichte unbeachtet bleiben[12]. Es verwundert nicht, dass man, statt sich mit solch heiklen Aufgaben zu befassen, der Frage Vorrang gab, welche Elemente der Strafrechtswissenschaft vor dem Krieg mit dem Wertesystem der Verfassung in Verbindung standen, um diese als Grundlage der Strafrechtswissenschaft der Nachkriegszeit festzulegen. In der

---

9 Kyōdai jiken 京大事件: 1933 wurde Takigawa wegen Vermittlung vermeintlich marxistischem Gedankenguts der Kaiserlichen Universität Kyōto verwiesen.

10 *Uchida* (Fn. 3), S. 159 ff.

11 Kokugaku 国学: Wörtl. „Landesschule". Eine seit dem 17./18. Jahrhundert unter verschiedenen Namen bestehende Denkschule, deren Vertreter sich von den chinesischen konfuzianischen Lehren abkehrten und statt derer eine Rückbesinnung auf die eigene indigene Kultur und deren Werte forderten.

12 Vgl. *Akira Maeda*, Jenosaido-ron [Über den Genozid] (Aoki Shoten, 2001), S. 243 ff.

Zeit direkt nach Kriegsende gab es eine kurze Phase der demokratischen Belebung, während der sich um die auch in der „Verfinsterung des Zeitalters" kompromisslos in die Tat umgesetzte politische Theorie der Revolution und deren Geist der Unbeugsamkeit jugendliche Energie zu sammeln begann. Dass man die Weiterführung von Onos Strafrechtslehre zu dieser Zeit ablehnte, scheint selbstverständlich, und es ist offensichtlich, dass man sich der Existenz einer weiteren Kontinuität in der japanischen Strafrechtswissenschaft bewusst wurde, die der Fortführung bedurfte. Dies mag daher kommen, dass durch diese Art von Verständnis eine emotional aufgeladene Stimmung geschaffen wurde, in der sich ebendiese Kontinuität, der es nachzugehen galt, und die Zielstrebigkeit jenes Geistes der Unbeugsamkeit miteinander vermischten. Weiterhin machte es sich die strafrechtsgeschichtliche Forschung zur Aufgabe, die gedanklichen Grundlagen der Strafrechtswissenschaft nach dem Krieg festzulegen und begann, dieser weiteren Kontinuität nachzugehen. Uchida sieht diese Kontinuität nicht etwa in der Strafrechtslehre Takigawas, welcher eine „triumphale Rückkehr" an die Universität Kyōto feiern konnte, sondern in der Lehre Saekis, dem jungen Fahnenträger der Bewegung für japanische Rechtsvernunft. Es fragt sich, ob nicht gerade in dieser Art Verständnis der Hauptgrund für die verspätete kritische Auseinandersetzung mit der Bewegung für japanische Rechtsvernunft liegt.

3. Die Bewegung für japanische Rechtsvernunft und die Strafrechtslehre Saekis

Der Band *Saekis und Onos Forschungen zur „japanischen Rechtsvernunft"* von Nakayama Ken'ichi beinhaltet die Aufsätze „Saekis Strafrechtslehre und die 'japanische Rechtsvernunft'" sowie „Eine weitere Untersuchung zu Onos 'Die bewusste Entwicklung der japanischen Rechtsvernunft'", in denen Nakayama die von den beiden Strafrechtswissenschaftlern vor dem Krieg gepredigte „japanische Rechtsvernunft" originalgetreu wiedergibt und sie nach heutigen Maßstäben bewertet. Nakayama erörtert, auf welche Weise sich die Strafrechtsforschung an das Staatssystem angepasst hatte und bei der „japanischen Rechtsvernunft" angelangt war, indem er die Arbeiten der beiden Strafrechtswissenschaftler, die sich den „ernsten Verhältnissen der Zeit" gebeugt hatten, unmittelbar zur Diskussion stellt. Dies diene einer erneuten Überprüfung der Bedeutung der Aussage, in der Nachkriegszeit habe keine tiefgreifende Wende im Strafrecht stattgefunden[13]. Deshalb besieht sich Nakayama „erneut" Saekis theoretische Überlegungen zur „japanischen Rechtsvernunft" in „Saekis Strafrechtslehre und

---

13 *Ken'ichi Nakayama*, Saeki, Ono-hakase no ‚Nihon Hōri' no Kenkyū [Saekis und Onos Forschungen zur ‚japanischen Rechtvernunft'] (Seibundō 2011), S. 2.

die 'japanische Rechtsvernunft'"; jedoch stellte dies mitunter auch „eine Art Tabu" dar, welches bisher noch nicht direkt angesprochen worden war.

Nakayama selbst hatte bereits in *Keihō no Kihon Shisō* [Grundgedanken des Strafrechts] repräsentative Strafrechtswissenschaftler der Vorkriegszeit wie Eiichi Makino oder Yukitoki Takigawa zusammen mit der Entwicklung des Strafrechtsdenkens Saekis vor und nach dem Krieg untersucht und deren Bedeutung geordnet zusammengefasst[14], doch der Grund für eine „erneute" Untersuchung dieser Bedeutsamkeit findet sich in den folgenden Ereignissen. Nakayama hatte nämlich in *Der Takigawa-Zwischenfall*[15] von Takayoshi Matsuo gelesen, dass Saeki einen Protestbrief gegen die Anordnung zur Entlassung von ungeeignetem Personal an der Universität Kyōto geschrieben und damit selbst eine eigene Beurteilung der Bewegung für japanische Rechtsvernunft abgegeben hatte. Daraufhin entschloss Nakayama sich, „ein weiteres Mal das in Dr. Saekis Werk der Vorkriegszeit enthaltene Strafrechtsdenken und dabei insbesondere die sogenannte 'japanische Rechtsvernunft' diesbezüglich zu verfolgen, und darüber hinaus den Zusammenhang zu den 'Geheimnissen' seines Wandels nach dem Krieg zu untersuchen." Gleichwohl sollte dies nicht dazu dienen, „einen Teil der Gestalt des Werks Dr. Saekis aus der Zeit vor dem Krieg, welcher längst als veraltet betrachtet und beiseitegelegt wurde" zu enthüllen, sondern „das Erbe Dr. Saekis, der unter den Verhältnissen der Vorkriegszeit gelitten hatte" offen zu klären, um so „seine Anpassung an die ernsten Verhältnisse der Zeit unmittelbar zu hinterfragen und erneut die Bedeutung seines Wandels nach dem Krieg herauszustellen"[16]. Auch die heutige Strafrechtswissenschaft befindet sich offensichtlich in einer zunehmend ernsteren Situation, wenn auch in einem anderen Sinne als zu der Zeit der Bewegung für japanische Rechtsvernunft. Wenn man aus dem, worunter Saeki in den „ernsten Verhältnissen der Zeit" gelitten hatte, eine Lehre darüber ziehen kann, inwiefern dies der Situation zu jener Zeit entsprach und auf welche Weise er darauf reagierte oder nicht reagierte, wird dies wohl dabei hilfreich sein, die grundlegenden Positionen der heutigen Strafrechtswissenschaft zu prüfen. Dies wird auch für die Bewältigung der von Uchida angesprochenen Aufgabe, das Wiederaufleben faschistischer Strafrechtstheorien aus dem Japan der Vorkriegszeit zu verhindern, von großer Bedeutung sein.

Gegenstand von Nakayamas Analyse und Einschätzung ist Saekis Werk ab 1943 (Shōwa 18). Seine Betrachtung umfasst die Aufsätze „Keihō ni okeru Nihon-

---

14 Ken'ichi Nakayama, *Keihō no Kihon Shisō* [Grundgedanken des Strafrechts] (Seibundō 2003), S. 107 ff.

15 Vgl. *Takayoshi Matsuo*, Takigawa Jiken [Der Takigawa-Zwischenfall] (Iwanami Gendai Bunko 2008), S. 272 ff.

16 *Nakayama* (Fn. 13), S. 2.

teki naru mono no Jikaku (1, 2)" [Das Bewusstsein für japanische Dinge im Strafrecht (Bd. 1 u. 2)] (*Hōgaku Ronsō* Bd. 49, Nr. 1–2; 1943), „Sekinin-ron ni okeru Nihon-teki Hansei" [Die japanische Reflexion der Schuldlehre] (*Hōritsu Jihō* Bd. 15, Nr. 6; 1943), „Kokugaku no Dentō to Nihon Keihō no Riron" [Die Tradition der *Kokugaku*-Schule und die Theorie des japanischen Strafrechts] (*Keisei* Bd. 57, Nr. 1; 1944) und „Keijihō yori mitaru Nihon-teki Dentō" [Die im Strafrecht ersichtliche japanische Tradition] (*Hōgaku Ronsō* Bd. 50, Nr. 5–6; 1944) sowie das Grundlagenwerk *Keihō Sōron* [Strafrecht Allgemeiner Teil] (*Kōbundō*-Verlag; 1944), welches die theoretische Position erkennen lässt, bei der Saeki vor dem Krieg angelangt war. Nach einer sorgfältigen Lektüre dieser Werke stellt Nakayama die Einschätzung Takayoshi Matsuos dazu vor und erläutert darüber hinaus „erneut" seinen eigenen Standpunkt. Matsuo zufolge ist Saeki in *Strafrecht Allgemeiner Teil* für den „Versuch, zu begreifen, wie das Wesen des Strafrechts in unserem Lande entstand, und ferner, wie es sich entwickelte" eingetreten und habe als das japanische Strafrecht durchdringende Prinzipien eine „Tradition der Barmherzigkeit" sowie den „Grundsatz des Vertrauens" angeführt. Matsuo sah darin „keine Anklänge an Ultranationalismus oder Militarismus". Weiterhin zeigt sich Matsuo in seiner Betrachtung von Saekis Äußerungen zur „Errichtung eines dem Großostasiatischen Krieg angemessenen überragenden japanischen Strafrechts" und seiner Schriften „Das Bewusstsein für japanische Dinge im Strafrecht" und „Die im Strafrecht ersichtliche japanische Tradition" eher zurückhaltend: „Hier zeigt sich zwar eine starke nationalistische Tendenz, aber ob man dies als 'Ultra'-Nationalismus bezeichnen kann, ist fraglich"[17]. Nachdem er Matsuos Einschätzung wiedergegeben hat, erläutert Nakayama im Weiteren seinen eigenen Standpunkt: „Im Großen und Ganzen stimme ich dieser Aussage zu, möchte jedoch noch einige Punkte hinzufügen"[18]. Von Belang sind hier zwei Aspekte, auf die Nakayama in Bezug auf die Verneinung eines „ultranationalistischen" Charakters des Strafrechtsdenkens Saekis in der Zeit vor dem Krieg hinweist.

Zum einen hieße es, dass Saeki in seiner Forschung zum japanischen Recht „im Gegensatz zu den damaligen Tendenzen, die sich blind am nationalsozialistischen Vorbild orientierten und harte Bestrafungen forderten", das Ziel verfolgte, „aufzuzeigen, dass die japanische Tradition der Wahrheit auf Selbstbestimmung, Nachsicht, Offenheit, Vernunft und Bedachtsamkeit beruhe". Laut Nakayamas Auffassung ist dies eine „positive Beurteilung wert". Was genau diese „positive Beurteilung" beinhaltet, wird nicht geklärt. Man erfährt jedoch

17 *Matsuo* (Fn. 15), S. 274 ff.

18 *Nakayama* (Fn. 13), S. 64 ff.

Weiteres, wenn man seine zuvor in *Grundgedanken des Strafrechts* geäußerte Einschätzung[19] hinzu zieht.

Vor dem Krieg verstärkte sich die Tendenz innerhalb der japanischen Strafrechtswissenschaft, blind dem Strafrecht der Nationalsozialisten nachzueifern. Die Kieler Schule beispielsweise lehnte die mit der Tatbestandslehre verbundene Denkweise ab und verwarf aus einer ganzheitlichen Betrachtungsweise heraus eine abstrakte Unterscheidung von Rechtswidrigkeit und Schuld. Saeki stellte sich dem entgegen, indem er am traditionellen Verbrechensaufbau festhielt; zur gleichen Zeit nahm er eine Position ein, die die von den Nationalsozialisten gepredigte Vorstellung des konkret Allgemeinen in Teilen befürwortet, da deren grundlegende Annahmen aufschlussreiche Aspekte beinhalteten, welche ein Nachdenken über das herkömmliche Strafrecht befördern könnten. Saeki kam schließlich zu der Erkenntnis, dass die Aufgabe weniger darin bestehe, sich Theorie und Gedankengut des ausländischen Strafrechts, wie des deutschen, anzueignen, sondern vielmehr darin, die dem japanischen Strafrecht eigenen Theorien und Gedanken zu bestärken, sobald das Stadium erreicht sei, in dem die Umstände eine „Errichtung eines dem Großostasiatischen Krieg angemessenen japanischen Strafrechts" forderten. In Bezug auf Saekis Beteiligung an der Bewegung für japanische Rechtsvernunft lautet Nakayamas würdigende Einschätzung:

> „Es lässt sich sagen, dass seine Bemühungen einer historischen Analyse des japanischen Rechts und sein Hinweis auf die Notwendigkeit der Festsetzung eigenständiger Gesichtspunkte bei der Vergleichsmethode hierbei ein positives Nebenprodukt waren."

Was die japanische Bewegung für Rechtsvernunft aber eigentlich anstrebte, war nicht etwa, eine geeignete Strafrechtslehre aus dem Ausland zu kopieren, wie beispielweise die deutsche. Vielmehr vertrat die Bewegung einen Strafrechtsbegriff, der ausschließlich mittels der Erfahrung des japanischen Volkes in Bezug auf Kultur und Geschichte Japans gewonnen werden konnte. Möglicherweise beabsichtigte Saeki also infolgedessen, indem er sich der Erforschung der Tradition des Staatsrechts und der *Kokugaku*-Schule zuwandte, eine von Geschichte und Tradition gestützte strafrechtliche Mentalität des japanischen Staates herauszuarbeiten, und wurde sich dabei durch seine Analyse der Geschichte des japanischen Rechts sowie mit Hilfe der vergleichenden Forschung zu Rechtssystemen aus verschiedenen Ländern der Eigentümlichkeit des japanischen Strafrechts, dessen Unabhängigkeit von anderen Ländern sowie des besonde-

---

19 *Nakayama* (Fn. 14), S. 115. In Fußnote 6 wird die Vorstellung des Wirtschaftsstrafrechts (*Keizai Keihō*) sowie des Sonderstrafrechts in Kriegszeiten (*Senji Keiji Tokubetsu Hō*) durch Saeki kurz vor dem Krieg angesprochen.

ren Wertes der aus Selbstbestimmung, Nachsicht etc. bestehenden „japanischen Tradition der Wahrheit", gewahr. In diesem Fall kann die im realen japanischen Strafrecht in Erscheinung tretende „japanische Tradition der Wahrheit" nicht den japanischen Staat transzendieren und nicht als „ultranationalistisch" bezeichnet werden. Jedoch kann die „japanische Tradition der Wahrheit" auch nicht einfach als „positives Nebenprodukt" abgegrenzt und losgelöst von dem „Hauptprodukt", der Bewegung für japanische Rechtsvernunft, beurteilt werden.

Auch wenn man dies wie Nakayama theoretisch als „positives Nebenprodukt" bewerten könnte, muss man sich dennoch die Frage stellen, weshalb Saeki seinerzeit keine effektive Kritik am Hauptprodukt, der Bewegung für japanische Rechtsvernunft, äußerte. Hierin besteht der zweite der von Nakayama angeführten Aspekte. Obwohl Nakayama der Ansicht ist, dass Saekis Analyse des japanischen Rechts ein „positives Nebenprodukt" hervorgebracht hatte, sieht er Saekis Strafrechtsforschung vor dem Krieg kritisch und zeigt deren Grenzen auf. Hierzu schreibt er: „Der japanischen Bewegung für Rechtsvernunft, und somit auch Dr. Saeki, fehlte eine wesentliche kritische Sicht auf die damalige Situation des japanischen Staates, eine Tendenz zu einem den freien Individualismus beseitigenden 'Nationalismus' ist klar ersichtlich," und „gerade dieser Aspekt stellte ein Problem dar"[20]. Angenommen, die „japanische Tradition der Wahrheit" sei eine historische Tatsache und gäbe einen Hinweis auf den Idealzustand des Staates oder des Strafrechts; wenn hierin wirklich ein kritischer Gedanke bezüglich des real existierenden Staates oder in Bezug auf das Strafrecht zu finden gewesen war, so hätte daraus, wie Nakayama betont, vielleicht eine kritische Auseinandersetzung mit dem derzeitigen Zustand des japanischen Staates folgen können. Wenn dies noch dazu, selbst als ein theoretisches Produkt, die Idee der Nachsicht oder Bedachtsamkeit des Staates hätte einbringen können, so hätte dies vielleicht in der Realität die Anwendung der Strafgewalt des Staates mildern können. Jedoch handelt es sich bei der „japanischen Tradition der Wahrheit" nicht um eine Konzeption, die der damaligen Lage des japanischen Staates und Strafrechts auf kritische Weise entgegenwirken konnte. Die „japanische Tradition der Wahrheit" betrachtete das reale staatliche Strafrecht nicht kritisch von außen, sie funktionierte vielmehr immanent und dialektisch. Saeki verstand die Auslegung des Strafrechts ebenso wie die Strafgesetzgebung als Manifestation der japanischen Tradition und des eigentümlichen Wesens des japanischen Strafrechts.

20 *Nakayama* (Fn. 13), S. 65.

Katsuyoshi Ikuta beispielsweise analysierte Saekis Staats- und Menschenbild, welches den gedanklichen Hintergrund seines Strafrechts bildete[21]. Nach Ikutas Einschätzung gründete sich Saekis Sicht auf den Staat und das Strafrecht nicht auf eine Idee derselben, sondern auf den existierenden Staat und das bestehende Strafrecht. Mit anderen Worten, Saekis Bild von Staat und Strafrecht gründete sich nicht im Gegensatz zum staatlichen Strafrecht, in dem rechtliche Prinzipien wie das „Naturrecht“ existierten, nicht auf der Ansicht, dass sich das Strafrecht hier in seiner idealen Gestalt zeige, oder dass die Auffassungen von Rechtswidrigkeit und Schuld eines in der Welt des „Naturrechts“ zur Idee gewordenen „staatlichen Strafrechts in seiner idealen Form“ die Anwendung von staatlichem Strafrecht in der Realität einschränke. Stattdessen wurde es von dem Gedanken getragen, dass der bestehende Staat etwa die durch das Naturrecht hervorgebrachte schöpferische Entdeckung des Rechts oder die Idealisierung von Gesetzen einschränke. Das bedeutet, dass Saeki die Legalität des bestehenden Staates und dessen Strafrecht anerkannte, und darüber hinaus eine Strafrechtslehre vertrat, die davon ausging, dass der real existierende Staat an sich die Möglichkeit habe, das Strafrecht auf selbstbeschränkende Weise auszulegen und anzuwenden. Wenn sich nun Saekis Methode zur Auslegung des Strafrechts am Staate orientierte, so handelt es sich dabei nicht um eine Theorie, die den gegenwärtigen Zustand kritisch beurteilt, indem sie durch Prinzipien wie das Rückwirkungsverbot, die strafbare Rechtswidrigkeit und die Zumutbarkeit eine Einschränkung des vom Staate ausgelegten und angewandten Strafrechts oder eine Präzisierung und Eingrenzung von Strafen von Seiten des Volks vorsieht. Es handelt sich vielmehr lediglich um eine Theorie, die die gegenwärtige Situation zu verbessern sucht, indem sie annimmt, der Staat solle schlicht selbst für eine bessere Auslegung des Strafrechts sorgen. Selbstverständlich gibt es auch Fälle, in denen die Auslegung durch den Staat mit den Interessen des Volkes übereinstimmt, aber über den Bereich der „japanischen Tradition der Wahrheit“ hinaus würden diese sicher nicht mehr geschützt.

Die „japanische Tradition der Wahrheit“ diente Saeki auch als Orientierungshilfe zur Beurteilung der Strafgesetzgebung. Beispielweise erklärte Saeki in seiner Darstellung der Strafrechtsgeschichte in *Strafrecht Allgemeiner Teil* (1941), die Arbeit an einer umfassenden Reform des Strafrechts sei deshalb gescheitert, weil der „Vorläufige Entwurf einer Strafrechtsreform“ („Kaisei Keihō Kari-An“, 1940) eine Nachahmung des deutschen Entwurfs und keine eigenständige Schöpfung spezifisch japanischen Strafrechtsdenkens gewesen sei. Überdies ar-

21 Vgl. *Katsuyoshi Ikuta*, „Saeki Keihō Riron no Shisō-teki Haikei“ [Saekis Strafrechtstheorie und ihre gedanklichen Hintergründe], in: Keihō Zasshi Bd. 48, Nr. 1 (2008), S. 97.

gumentierte er, dass mit der Verstärkung des defensiven Charakters des gesamten Strafrechtssystems durch Sondergesetze wie das Gesetz zur Aufrechterhaltung der Landesverteidigung (*Kokubō Hoan Hō*, 1941), das Gesetz zur Aufrechterhaltung der öffentlichen Sicherheit (*Chian Iji Hō*, 1941) und das Sonderstrafrecht in Kriegszeiten (*Senji Keiji Tokubetsu Hō*, 1942) eine bewusste und eigenständige Entwicklung dieses spezifisch japanischen Strafrechtsdenkens zu erwarten sei, und es ist anzunehmen, dass die Verteidigung des japanischen Staates als wesentlicher Bestandteil von Tradition und Denken unerlässlich war, um an der „japanischen Tradition der Wahrheit" im Strafrecht festhalten zu können. Selbst als der japanische Wehrstaat Vorkehrungen in Form von vielfältigen Sondergesetzgebungen und Kriminalpraktiken zur Erhaltung der öffentlichen Sicherheit traf, um im „Großostasiatischen Krieg" triumphieren zu können, regte die „japanische Tradition der Wahrheit" nicht zum Widerstand dagegen an.

Auch wenn die auf dieser Sichtweise auf Staat und Strafrecht basierende Strafrechtslehre Saekis, und insbesondere das Prinzip der strafbaren Rechtswidrigkeit sowie das Zumutbarkeitsprinzip, als Widerstandswaffe oder als Theorie der Befreiung im Strafrecht der Nachkriegszeit fortgeführt und weiterentwickelt werden kann, müssen zuallererst das zugrunde liegende Strafrechtsdenken sowie die entsprechende Methodik einer kritischen Betrachtung unterzogen und ferner die Existenz eines inneren Zusammenhangs mit Prinzipien wie der strafbaren Rechtswidrigkeit sowie deren Umfang überprüft werden. Dies ist jedoch bisher nur in unzureichendem Maße geschehen, und so bleibt nach wie vor eine ganze Reihe von Fragen unbeantwortet.

Die geschichtliche Entwicklung des Strafrechtsgedankens vom Neukantianismus zum Neuhegelianismus: Weiterführender Dialog mit der Vergangenheit des japanischen Strafrechts

1. Die Bewegung für japanische Rechtsvernunft und die Strafrechtslehre Onos[1]

Nach seiner Betrachtung zur Bedeutung des Strafrechtsdenkens Saekis für die Bewegung für japanische Rechtsvernunft wendet sich Ken'ichi Nakayama einer Analyse des Strafrechtsdenkens von Seiichirō Ono zu. Zu der Zeit, als die Bewegung für japanische Rechtsvernunft durch eine ganze Reihe von Juristen vorangetrieben wurde, war Saeki ein aufstrebender, talentierter Strafrechtswissenschaftler in seinen Dreißigern, wohingegen Ono als einer der zentralen Theoretiker der Strafrechtswissenschaft bereits die fünfzig Jahre überschritten und seine eigene systematische Theorie des Strafrechts fertiggestellt hatte. Insofern eine prinzipielle Veränderung in Onos theoretischer Position und seiner Auffassung von juristischen Methoden stattgefunden haben sollte, als er sich an der Bewegung für japanische Rechtsvernunft beteiligte, kann man möglicherweise durch eine Analyse dieses Prozesses herausfinden, in welcher Art theoretischer Krise Ono sich zu diesem Zeitpunkt befand.

In *Eine weitere Untersuchung zu Onos „Die bewusste Entwicklung der japanischen Rechtsvernunft"*[2] stellt Nakayama den Inhalt einzelner Aufsätze aus *Die bewusste Entwicklung der japanischen Rechtsvernunft* (1942) vor und fasst prägnant zusammen, unter welchen Umständen Ono zu dieser Art von Strafrechtsdenken kam und inwiefern sich dieses nach dem Krieg veränderte. Die „japanische Rechtsvernunft", bei welcher Ono schließlich angelangt war, verstand das staatliche Recht als Ausdruck einer nationalen Moral. Genauer sei der japanische Staat eine Nation, in deren Geschichte und Tradition die ungebrochene Linie des Kaiserhauses im Mittelpunkt stehe und dessen nationale Moral aus einem dem japanischen Volk und seiner Geschichte innewohnenden objektiven Geist hervorgehe, welcher sich im japanischen Recht manifestiert habe. Ono rechtfertigte auf diese Weise das Strafrecht des bestehenden Staates sowie

1 Dieser Aufsatz versteht sich als Fortsetzung des vorherigen Beitrages.

2 Vgl. *Ken'ichi Nakayama*, Saeki, Ono-hakase no 'Nihon Hōri' no Kenkyū [Saekis und Onos Forschungen zur 'japanischen Rechtvernunft'] (Seibundō 2011), S. 113 ff.

https://doi.org/10.1515/9783110684315-006

dessen Praxis und trieb beides in diesem Geiste voran. Die bis zu diesem Zeitpunkt im Strafrecht geführten Debatten um Vergeltung und Strafzweck sowie um Objektivismus und Subjektivismus waren lediglich aus den in der westlichen Anschauung bestehenden Meinungsverschiedenheiten innerhalb der formalen Logik hervorgegangen und vermochten die Dinge in ihrer Natur weder spezifisch noch ganzheitlich zu erfassen. Dagegen hob man hervor, dass die japanische Rechtsvernunft, welche die Dinge in ihrer Vernunft, ihrer Seele und ihrem Wesen erfasse, jene Gegensätze vollständig aufheben und sie innerhalb einer höheren Ordnung vereinigen könne[3]. Diese Diskussionen entsprachen ihrer Zeit, in der man es als Japans welthistorische Pflicht verstand, Asien von der Dominanz durch westliche Nationen zu befreien und eine Großostasiatische Wohlstandssphäre zu errichten. Diese Ansicht hatte Ono allerdings noch nicht vertreten, als er seine eigene strafrechtliche Grundposition formulierte. Man könnte sogar sagen, dass er Vorstellungen dieser Art anfangs eher kritisch gegenüber stand.

Onos grundlegende Position bestand in dem Versuch, „mittels Anerkennung des Prinzips der Vergeltung in strafrechtlichen Maßnahmen, d.h. durch Zweckrationalität und moralische Wertrationalität, ausgehend von diesem Prinzip über die Entwicklung einer Strafrechtstheorie als wirksame Garantie für die kulturelle Ordnung in einer staatlichen Gemeinschaft nachzudenken“[4]. Dieses Denken wird für gewöhnlich als eine Mischung aus buddhistischen Konzeptionen und der Philosophie des Neukantianismus der Südwestdeutschen Schule verstanden. Ono zufolge sind mit den in der Strafrechtswissenschaft diskutierten Begriffen von Staat und Strafrecht nicht der real existierende Staat und sein Strafrecht an sich gemeint; vielmehr stehe die Idee einer staatlichen Gemeinschaft und deren Strafrecht im Zentrum der Anschauung. Dabei würden der reale Staat und das reale Strafrecht auf der Grundlage dieses Prinzips Gegenstand von Erkenntnis und Kritik. Ono legte die Idee der sogenannten kulturellen Gemeinschaft oder auch die Vorstellung von einer kulturalistischen Gerechtigkeit zugrunde, um den realen Staat und sein Strafrecht verstehen und beurteilen zu können. Und gerade weil Ono eine solch idealistische Position vertrat, gelang es ihm, wie

---

3 *Nakayama* (Fn. 2), S. 119; Seiichirō Ono, Nihon Hōri no Jikaku-teki Tenkai [Die bewusste Entwicklung der japanischen Rechtsvernunft] (Yūhikaku, 1942), S. 170 ff.

4 *Seiichirō Ono*, „Keihōgaku Shōshi“ [Kleine Geschichte des Strafrechts], in: Ders., Keibatsu no Honshitsu ni tsuite. Sono hoka [Über das Wesen der Strafe und weitere Schriften] (Yūhikaku, 1955), S. 421; vgl. ebenso *Chihiro Saeki* und *Yoshinobu Kobayashi*, „Keihōgaku-shi (Gakushi)“ [Geschichte des Strafrechts (Fachgeschichte)], in: Dies., Kōza. Nihon Kindai Hōshi Hattatsu-shi dai-11-Kan [Vorlesungen. Geschichte der Entwicklung der Rechtsgeschichte im modernen Japan, Bd. 11] (Keisō Shobō, 1967), S. 272.

Nakayama betont, „aus einer kulturalistischen Gerechtigkeitsauffassung heraus einen freiheitlichen Strafrechtsbegriff zu entwickeln, der ihn bis hin zu einer ideologischen Kritik an den wirtschaftlichen und kulturellen Machtbeziehungen des derzeitig real existierenden Staates führte“[5]. Beispielsweise übte er Kritik an den auf die subjektivistische Lehre gestützten Definitionen des strafbaren und des untauglichen Versuches, welche in den allgemeinen Bestimmungen des vorläufigen Entwurfs zur Reform des Strafrechts (*Keihō Kaisei Yobi Sōan*) von 1927 enthalten waren. Diese seien einer absolutistischen Staatsideologie entsprungen und bedeuteten eine Rückkehr zu den rechtlichen Zuständen des Polizeistaats im 18. Jahrhundert und darüber hinaus eine absolute Herrschaft des Finanzkapitals und der imperialistischen Staatsmacht. Es war Ono nur deshalb möglich, eine solch kühne Kritik zu äußern, weil er sich an einer Methodik orientierte, welche die Rechtswirklichkeit ausgehend von dieser Art Rechtsidee verstand und beurteilte. Nakayama bemerkt, diese grundlegende Position Onos besitze sowohl eine „konsequente Seite“ als auch eine „dem Wandel des Zeitgeists entsprechende Seite“; zu den möglichen Gründen für die Veränderung in Onos grundlegender Position, welche er von der Taishō- bis in die Shōwa-Zeit[6] hinein erarbeitet hatte und Anfang der Vierzigerjahre den veränderten Gegebenheiten entsprechend anpasste, findet sich allerdings keine konkrete Aussage. Es fragt sich, wo genau der Wendepunkt zu suchen ist, an dem sich die Strafrechtslehre Onos von einer dem gegenwärtigen Zustand kritisch gegenüberstehenden, idealistischen Strafrechtslehre zu einer den gegenwärtigen Zustand bejahenden, realistischen Strafrechtslehre wandelte. Wann genau begann Ono sich von der Idee der kulturellen Gemeinschaft sowie einer kulturalistischen Gerechtigkeitsauffassung zu entfernen und sich der Idee einer Großostasiatischen Wohlstandssphäre mit dem Tennō im Zentrum sowie einer Gerechtigkeitsauffassung nach Maßgabe der japanischen Rechtsvernunft anzunähern?

Diesbezüglich weist Hirofumi Uchida auf den „rechtsphilosophischen Universalismus“ hin, dessen theoretische Überlegungen überaus interessant sind[7]. Zwischen der Zeit vor 1933, als Ono die Kritik vorbrachte, die dem vorläufigen Entwurf zur Reform des Strafrechts zugrunde liegende subjektivistische Lehre

5 *Nakayama* (Fn. 2), S. 118; *Seiichirō Ono*, „Keihō Sōsoku Sōan ni okeru Misui-han oyobi Funō-han“ [Der strafbare Versuch und der untaugliche Versuch in den allgemeinen Bestimmungen des Strafrechtsentwurfs], in: Ders., Hanzai Kōsei Yōken no Riron [Theorie des Straftatbestands] (Yūhikaku, 1953), S. 277 ff.

6 Shōwa-Zeit: 1926–1989.

7 *Hirofumi Uchida*, Nihon Keihōgaku no Ayumi to Kadai [Entwicklung und Aufgaben der japanischen Strafrechtswissenschaft] (Nihon Hyōronsha, 2008), S. 145 ff. S. 139 ff.

sei imperialistisch, und der Zeit ab 1940, als er mit dem Verfassen von *Die bewusste Entwicklung der japanischen Rechtsvernunft* begann, hatte ein fast abrupt wirkender Wandel in Onos Theorien stattgefunden. Hierbei handelt es sich jedoch nicht um eine inszenierte Anpassung an die derzeitigen Umstände; denn überfliegt man *Der rechtsphilosophische Universalismus* und andere in *Juristische Besprechungen*[8] veröffentlichte Aufsätze, erscheint der Grund für diesen Wandel begreiflich. Die Ursache liegt in Onos Überwechseln von Kants kritischer Erkenntnistheorie zu der dialektischen Ontologie nach Hegel innerhalb der strafrechtlichen Methodik und stellt somit eine Überwindung der Moderne im Strafrechtsdenken dar.

In dem Band *Juristische Besprechungen*, welcher Aufsätze der Zeit von etwa 1925 bis 1938 enthält, schrieb Ono in *Gegenstand und Methode der besonderen Strafrechtslehre*[9] Folgendes zu Gegenständen und Methoden des Strafrechts:

> „In einer spezifischen Rechtswissenschaft besteht der Gegenstand der Erkenntnis nicht im Recht als erfahrbare Wirklichkeit, also nicht in 'Gesetzen, die es gibt', sondern vielmehr in 'Gesetzen, die es geben sollte'", und weiter: „Empirisches und Ideales miteinander zu vermischen und ihren Erkenntnisgegenstand auf derselben Ebene zu vermuten ist ein Irrtum, der nicht zugelassen werden darf. [...] Erfahrbare Entwicklungen des Rechts sind – ungeachtet des geschriebenen staatlichen Rechts – bloß ein Anlass zur Entwicklung einer normativen Theorie."

Wie Ono erläutert, sollte der Gegenstand der Rechtswissenschaft nicht das real existierende Recht sein, sondern eine ideale Form des Rechts. So solle man sich an einer Methodenlehre orientieren, welche auf der Grundlage eines Sollenssatzes in Form von rechtlichen Ideen das positive Recht auf der Grundlage von Werten versteht und beurteilt. Obgleich er den nationalsozialistischen Dienst an der Volkskultur für gut befindet, verteidigt Ono die dem Allgemeinen Teil des deutschen Strafrechts zugrunde liegenden Prinzipien einer liberalistischen Rechtsanschauung in *Das Strafrechtssystem der Nationalsozialisten*[10], einer Buchkritik zu Siegerts *Grundzüge des Strafrechts im neuen Staate*, vor der Kritik der Nationalsozialisten an ebendiesem Strafrecht. Nach dieser Ansicht ist die nationalsozialistische Weltanschauung Grundlage für die Entwicklung einer Strafrechtstheorie. Ono hält dem entgegen, dass

---

8 *Seiichirō Ono*, Hōgaku Hyōron (jō, ge) [Juristische Besprechungen (Bd. 1 u. 2)] (Kōbundō Shobō, 1938 und 1939). Der erste Band beinhaltet Aufsätze zum Strafrecht und Strafprozessrecht, der zweite Band zu Rechtsphilosophie, Rechtsdenken und Kriminologie.

9 *Ono* (Fn. 8) Bd. 1, S. 106 ff.

10 *Ono* (Fn. 8) Bd. 1, S. 85 ff.

„jene Prinzipien des Allgemeinen Teils des Strafrechts, welche sich unter dem Liberalismus entwickelt haben, als Rechtskultur einen beträchtlichen Wert besitzen."

Hier wird ersichtlich, dass Ono sich an einer neukantianischen Rechtsmethodik orientierte, welche die Realität des Strafrechts mit Hilfe von rechtlichen Werten und Prinzipien verstand und beurteilte, die er von einer liberalistischen Position aus entwarf. Während Ono seine rechtswissenschaftliche Forschung weiter vorantrieb, begann sich seine Methode allerdings zu verändern.

Die während der Taishō-Zeit[11] in Japan bekannt gewordene neukantianische Rechtswissenschaft beispielsweise bewertete Ono in seinen später verfassten rechtswissenschaftlichen Abhandlungen[12] dahingehend negativ, dass sie aufgrund ihrer subjektiven, abstrakten sowie formallogischen Struktur keine Systematisierung erfahren hatte. Notwendig für die Rechtsphilosophie sei stattdessen „ein gegenständliches und reales Begreifen der rechtlichen Verhältnisse an sich" und verlange nach dem Erfassen einer „an konkreten historischen Umständen orientierten Theorie der juristischen Praxis an sich" und dem Verständnis einer Theorie, die materiell und zugleich ideell, notwendig und zugleich frei, real und zugleich wertbehaftet ist. Die Rechtsphilosophie, so Ono, müsse eine solch ganzheitliche Einsicht ermöglichen. Was mochte Ono dazu veranlasst haben, dem Neukantianismus, dem er sich selbst noch bis dahin verpflichtet hatte, den Rücken zu kehren? Der Grund hierfür lässt sich im Einfluss der Rechtsphilosophie Julius Binders finden. Binder begann seine Forschung ausgehend von der Stammler-Kritik, nahm des Weiteren Einflüsse von Rickert und Lask der Südwestdeutschen Schule auf, und wandte schließlich basierend darauf eine ideelle Erkenntnismethode von einem neukantianischen Standpunkt aus an. Nachdem die Nationalsozialisten in den 1930er Jahren an die Macht kamen (100 Jahre nach dem Tod Hegels), wandte Binder sich allerdings dem Neuhegelianismus zu und erklärte, die grundlegenden Aufgaben der Rechtsphilosophie beständen darin, eine Methode zum Erfassen des existierenden Rechts zu entwickeln[13]: Das existierende Recht zu erfassen meint hierbei die Gewinnung von Gesetzen mittels des real existierenden objektiven Geistes. Bei jenem objektiven Geist handelt es sich nicht um ein subjektives Prinzip, welches apriorisch das existierende Recht übersteigt, sondern um einen der Volksgemeinschaft innewohnenden Geist, die sogenannte

11 Taishō-Zeit: 1912–1926.

12 *Ono* (Fn. 8) Bd. 1, darin: „'Hōrigaku' to iu Go ni tsuite" [Über den Begriff „Hōrigaku" (etwa: Rechtswissenschaft)], S. 12 ff.

13 *Hiroshi Suekawa* und *Kazuo Amano*, Hōgaku to Kenpō [Rechtswissenschaft und Verfassung] (Daimeidō, 1966) 180; vgl. auch *Masaru Takeshita*, „Hō Shisō ni okeru Zentaishugi e no michi", in: Kansai Daigaku Hōgaku Kenkyūjo (Hrsg.), Nachisu Hō no Shisō to Genjitsu [Denken und Wirklichkeit des nationalsozialistischen Rechts] (Kansai Daigaku Hōgaku Kenkyūjo, 1989), S. 3 ff.

„konkrete Allgemeinheit“ in der Hegelschen Logik. Im Neukantianismus werden Realität und Vernunft getrennt, die Bedeutung des Realen besteht nicht in sich selbst, sondern wird aus der Sphäre der Vernunft und der Ideen heraus erkannt. Auch in der hierauf aufbauenden Rechtsphilosophie sowie in der Strafrechtswissenschaft erkannte man die Bedeutung des Rechts basierend auf abstrakten Ideen wie Gerechtigkeit und Kultur. Binder ließ dagegen die philosophische Essenz der Lehre „Was vernünftig ist, das ist wirklich; und was wirklich ist, das ist vernünftig“ wieder aufleben und vertrat eine Theorie von dem konkreten Recht des Volkes und des Staates, aufbauend auf der Rechtsphilosophie einer hegelianisch-universalistischen Ethik. Dies diente den aufstrebenden Nationalsozialisten zwar als Rechtsideologie, Ono aber schätzte diese These Binders hoch ein und formulierte Mitte der 1930er bis Mitte der 1940er selbst einen „rechtsphilosophischen Universalismus“. Dass sich die Grundposition Onos, welcher vormals noch strenge Kritik in Bezug auf das existierende Strafrecht sowie die Arbeit zur Strafrechtsreform geäußert hatte, zu wandeln begann und sich zu einer dem System entgegenkommenden Position veränderte, hat höchstwahrscheinlich mit dem Denken des Neuhegelianismus und dem darauf basierenden „rechtsphilosophischen Universalismus“ zu tun[14]: Um während der „Verfinsterung des Zeitalters“, einer Zeit, in der Wirklichkeit und Ideen sich erheblich voneinander zu unterscheiden schienen, überhaupt den bewussten Versuch eines Entwurfes wagen zu können, gab es offenbar keinen anderen Weg, als die eigene Position der ideellen Kritik aufzugeben und inmitten des Staates und seines totalitären Tennō-Systems eine Kapazität von solch großem Maße zu schaffen, dass darin die Idee der Tradition, der Kultur, der Moral sowie der Gerechtigkeit vereint werden können. Dabei handelt es sich selbstverständlich nicht um das Resultat einer unvermeidlichen Niederlage angesichts des Drucks durch den Polizeistaat im Tennō-System, sondern um den festen Entschluss, einen Beitrag zur welthistorischen Pflicht des japanischen Kaiserreiches zu leisten.

2. „Die Überwindung der Moderne“ im Strafrechtsdenken

In seinem Aufsatz *Zur Möglichkeit einer Selbstreflexion in der Strafrechtswissenschaft der Nachkriegszeit*[15] behandelt Toshikuni Murai die Standpunkte von

14 Vgl. hierzu *Minoru Honda*, „Keihō-shi ni okeru Hōrigaku-teki Fuhen-shugi no Tenkai“ [Über die Entwicklung des rechtswissenschaftlichen Universalismus in der japanischen Strafrechtsgeschichte], in *diesem* Band.

15 *Toshikuni Murai*, „Sengo Keiji Hōgaku ni Hansei wa atta ka“ [Zur Möglichkeit einer Selbstreflexion in der Strafrechtswissenschaft der Nachkriegszeit], in: Hōritsu Jihō Bd. 80, Nr. 10 (2008), S. 83 ff.

Seiichirō Ono, Kameji Kimura und Chihiro Saeki, welche sich an der Bewegung für japanische Rechtsvernunft beteiligt hatten, wobei er jeweils ihre Ansichten vor dem Krieg sowie ihre Rechtfertigungen nach dem Krieg vorstellt. Als strittigen Punkt im Zuge einer kritischen Einordnung des Wandels innerhalb der Strafrechtswissenschaft während des Krieges und in der Zeit danach kommt Murai auf verschiedene Fragen zu sprechen, die sich aus dem Strafrecht der Nationalsozialisten ergaben, wobei er konkret Bezug auf die finale Handlungslehre nimmt. Anhand der rechtfertigenden Erklärungen jener Strafrechtswissenschaftler, die sich an der Bewegung für japanische Rechtsvernunft beteiligt und im Wetteifer untereinander das Strafrechtsdenken der Großostasiatischen Wohlstandssphäre unterstützt hatten, stellt Murai die vorhandenen Kontinuitäten in der Strafrechtswissenschaft vor und nach dem Krieg erneut zur Diskussion. Dies tut er angesichts der gegenwärtigen Zuspitzung der Lage der Strafrechtswissenschaft, in der es „nicht damit getan ist, bloß als Außenstehender Kritik zu üben", weil die Strafrechtswissenschaftler der heutigen Zeit sich gewissermaßen in derselben Situation wiederfinden wie die Wissenschaftler vor dem Krieg, und weil in Frage gestellt wird, ob die gegenwärtige Lage damit in Verbindung steht und inwiefern sie damit zu tun hat. Mit anderen Worten, weil die Vergangenheit des Strafrechts Fragen aufwirft, welche gerade in der gegenwärtigen Zeit gestellt werden müssen. Wenn so durch eine Analyse des Verlaufs und des Endes der Bewegung für japanische Rechtsvernunft eine nützliche Lehre für die Gegenwart gezogen werden kann, sei vielleicht auch eine Konfrontation mit der gegenwärtigen Situation des Strafrechts möglich. Dies betreffe insbesondere die Verhinderung eines Wiederauflebens des von Uchida vertretenen faschistischen Strafrechts. Murai schreibt:

> „Gerade jetzt stellt sich die Frage, wie Rechtswissenschaftler sich äußern und wie sie handeln sollten. Es muss dann Einsicht darüber herrschen, dass von ihnen verlangt wird, für die Dinge, die sie sagen und tun, Verantwortung zu übernehmen."

Aus Murais resolutem Entschluss lässt sich folgern, dass diese Fragen nicht nur an jene Strafrechtswissenschaftler gerichtet sind, die in der Strafrechtsgeschichte keine Erwähnung finden, sondern ebenso an uns selbst.

Was also sollten wir tun? Geht man von der von Murai angesprochenen Frage aus, müsste man wohl den Einfluss Seiichirō Onos und anderer Vertreter dieser Strömung auf das Strafrecht des Neuhegelianismus mit seiner dem System entgegenkommenden Rechtsmethodik extrahieren und in diesem Rahmen die Bedeutung der finalen Handlungslehre in der Geschichte der Strafrechtsphilosophie erneut prüfen. Anders ausgedrückt, man müsste feststellen, welche Bedeutung einer Methodenlehre zum gegenwärtigen Zeitpunkt zukommt, die auf der Grundlage einer gedanklichen Zusammenführung der symmetrischen Momente von solchen Dingen wie Recht und Moral, Sein und Sollen, Objektivität und Subjektivität, Realität und Idee die Wirklichkeit ideell vereint. Hierzu zitiert Murai die Worte von Shigemitsu Dandō:

> „Es besteht doch eine Notwendigkeit, darüber zu reflektieren, an welchem Punkt in der Geschichte des Strafrechtsdenkens diese finale Handlungslehre eigentlich geboren wurde. Kurzum, in etwa zu der Zeit, als die Nationalsozialisten emporstrebten und die neukantianische Schule niedergezwungen wurde, kam eine ontologische Denkweise auf. Dies muss untersucht werden, indem man beispielsweise das konkrete Ordnungsdenken oder das Denken der Kieler Schule mit der Entstehung der finalen Handlungslehre in Verbindung bringt."[16]

Murai stellt dieser von Dandō angesprochenen Problematik die Analyse und Kritik der finalen Handlungslehre durch Ken Naitō gegenüber und weist darauf hin, dass Hans Welzel, der Begründer der finalen Handlungslehre, vom rassistischen Totalitarismus des Strafrechtsdenkens der Nationalsozialisten beeinflusst wurde und es möglich ist, dass die finale Handlungslehre den Forderungen des Gesinnungsstrafrechts der Nationalsozialisten entspricht und somit den Einfluss des nationalsozialistischen Strafrechtsdenkens nicht verleugnen kann. Dabei betont er gleichzeitig, dass die finale Handlungslehre sich in Teilen von der Kieler Schule unterscheidet. Mit Sicherheit besitzt die finale Handlungslehre einen vielschichtigen Charakter, hierbei ist es jedoch nicht von Bedeutung, die Divergenzen zwischen der finalen Handlungslehre und der Kieler Schule ausfindig zu machen. Man sollte vielmehr die Forderung im Blick behalten, die inneren theoretischen Zusammenhänge zwischen der Ontologie, welche zur Zeit des Nationalsozialismus aufkam und sich dem Neukantianismus entgegenstellte, dem konkreten Ordnungsdenken, dem Pflichtgedanken der Kieler Schule sowie Welzels finaler Handlungslehre aufzuzeigen und darüber hinaus zu klären, wie dies mit der Bewegung für japanische Rechtsvernunft zusammenhängt.

Welche Bedeutung kommt der finalen Handlungslehre in der Geschichte des Strafrechtsdenkens zu? Wie wollte Welzel mit dieser Theorie das Wesen des Strafrechts revolutionieren? Ferner, wie nahm Ono Welzels Strafrechtsdenken während seiner Hinwendung zur Bewegung für japanische Rechtsvernunft auf, und wie veranlasste sie ihn dazu, seine eigene Strafrechtstheorie vollkommen umzugestalten? Eine kritische Auseinandersetzung mit dieser Art von Fragen ist für die Auflösung der von Dandō angesprochenen Problematik unabdingbar. Was für eine Aufgabe hatte Welzel? Er sah es als seine unmittelbare Aufgabe,

16 Vgl. *Shigemitsu Dandō; Tsuneo Kikkawa; Taira Fukuda; Hitoshi Ōtsuka*, „Zadankai. Keihōgaku no Atarashii Tenkai" [Kolloquium. Neue Entwicklungen der Strafrechtswissenschaft], in: Hōritsu Jihō Bd. 28, Nr. 3 (1956), S. 21.

das positivistische Strafrecht Franz von Liszts sowie die strafrechtliche Dogmatik von Ernst Beling als dessen Ergänzung einer kritischen Beurteilung zu unterziehen. Weiterhin verfolgte er das grundlegendere Ziel, den Dualismus von Subjektivität und Objektivität der kartesischen Schule, welche die Grundlage der naturalistischen und positivistischen Weltanschauung sowie der wissenschaftlichen und philosophischen Anschauung der Moderne bildete, zu zerschlagen und gleichzeitig auch den Neukantianismus, welcher die Defizite dieser Weltanschauung mit der Methode einer werterelativistischen bzw. teleologischen Begriffsstruktur gedeckt hatte, gedanklich zu übertreffen[17].

Der Naturalismus beobachtet Naturphänomene und erklärt die Entstehung dieser Phänomene in Übereinstimmung mit dem Gesetz von Ursache und Wirkung, indem er sich auf die physische, mittels Naturgesetzen erklärbare Welt beschränkt. Dabei vertritt er die Ansicht, dass eine Kontrolle und Überwachung dessen möglich ist. Demzufolge wird auch menschliches Handeln ebenso wie Naturphänomene als das Ergebnis bestimmter Ursachen aufgefasst, als eine durch innere gedankliche Aktivität hervorgerufene äußere physikalische Veränderung. Liszt wandte diese Einsicht auf das Strafrecht an, indem er Verbrechen als menschliche Handlungen in einem innerlichen physikalischen Prozess analysierte. Er argumentierte, kriminelles Verhalten könne durch die Beseitigung von psychologischen Faktoren und deren Motivationen, welche Menschen zu kriminellem Verhalten treiben, oder aber durch Einsetzen eines stärkeren Motivs, das einen Anreiz für eine andere Handlung schafft, verhindert werden. Liszts Verbrechensbegriff ist dualistisch angelegt: Auf der einen Seite steht das Äußere, Physikalische mit einer Handlung als Ausgangspunkt, welche den Vorsatz darstellt, und auf der anderen Seite das Innere, Psychologische, welches die Schuldigkeit darstellt. Demzufolge sei es ein Irrtum, dass sich der Handelnde nach einer bestimmten Wertentscheidung auf der Basis seines freien Willens zu einer Handlung entschlösse. Ebenso wie Gegenstände durch äußere Einwirkung nach rechts, links, oben und unten bewegt würden, könnten auch menschliche Handlungen aufgrund verschiedener äußerer und innerer Ursachen in Übereinstimmung mit dem Gesetz dirigiert werden. Aus diesem Grunde sei es im Hinblick auf Normen und Werte nicht sinnvoll, wenn der Staat zwecks Abschreckung und

17 *Hans Welzel*, Naturalismus und Wertphilosophie im Strafrecht. Untersuchungen über die ideologischen Grundlagen der Strafrechtswissenschaft, 1935. Vgl. hierzu außerdem die Rezension von *Seiichirō Ono*, „Keihō ni okeru Shizen-shugi to Kachi Tetsugaku" [Naturalismus und Wertphilosophie im Strafrecht], in: Ders., Hōgaku Hyōron (ge) [Juristische Besprechungen Bd. 2], S. 125 ff.; (unvollständige) japanische Übersetzung von *Akira Fujio*, „Keihō ni okeru Shizen-shugi to Kachi Tetsugaku. Keihō ni okeru Ideorogīteki Kiso no Kenkyū", in: Niigata Daigaku Hōkei Ronshū Bd. 17, Nr. 3–4 (1967), S. 213 ff. sowie *Niigata Hōsei* Riron Bd. 5, Nr. 1 (1972), S. 66 ff.

Vorbeugung krimineller Handlungen zu Maßregeln der Besserung und Wiederherstellung griffe; die jeweilige Handlung sei nichts weiter als bloß eine wertfreie, nicht-normative Vorstellung, und Vorsatz und Schuld besäßen ebenso keinerlei wertebasierte oder normative Bedeutung.

Allerdings ließ das Liszt'sche positivistische Strafrecht, welches auf diese Weise das Wesen des Strafrechts, den Verbrechensbegriff usw. auf der Grundlage naturwissenschaftlicher Methoden betrachtete, einen geistigen Leerraum im Strafrecht zurück. Durch den Gebrauch naturwissenschaftlicher Methoden, deren Betrachtungsgegenstände auf die durch das Gesetz von Ursache und Wirkung nachweisbare physische Welt beschränkt waren, wurden all jene Motive, die mit der Seele oder dem Geist zu tun haben und der geistigen Welt angehören, als metaphysisch und irrational abgetan und gleichzeitig auch die ursprünglich im Strafrecht vorhandene Spiritualität und Moral verbannt. Einen spezifischen Volkscharakter, einen nationalen Geist oder den objektiven Geist eines wahren Rechts von Volk und Staat tat der Naturalismus, der sich seines rationalistischen Denkens rühmte, als irrational ab und verbannte diese Vorstellungen aus der Welt des Strafrechts. Ebenso wie Menschen, die ihre gedanklichen und geistigen Stützpfeiler verloren haben, lebende Leichen seien und so wie ein Haus in der Heimat ohne Hausherr zur Ruine werde, verwandele sich ein Staat und sein Recht, in denen das Eigenbewusstsein des Volkes sowie seine historische Pflicht in Vergessenheit geraten sind, in ein Zahnrad des durch das Kausalgesetz beherrschten gesellschaftlichen Gefüges, und menschliche Handlungen als Gegenstand des Strafrechts sowie auch dessen Verbrechensbegriff würden zu in geistige Lethargie verfallenen leeren Hüllen.

Als Gegenentwurf zu dieser Methodenlehre des Naturalismus und des Positivismus trat die Wertphilosophie des Neukantianismus in Erscheinung. Dem Neukantianismus zufolge gibt es in Bezug auf Erkenntnis neben der naturwissenschaftlichen Erkenntnis die davon bedingt unterscheidbare eigenständige Ebene der kulturwissenschaftlichen und normativen Erkenntnis, welche der empirisch erfassbaren physischen Wirklichkeit entgegengestellte apriorische Formen sowie normative Werte und Zwecke beinhaltet. So könne man zwar die Existenz bestimmter Dinge und das Auftreten bestimmter Phänomene empirisch erfassen, was diese aber sind, und welche Bedeutung ihnen zukommt, könne nur in einer von der Erfahrung verschiedenen Dimension auf der Grundlage von ideellen Formen und Wertmaßstäben erkannt werden. Zwar kam diese werterelativistische Erkenntnistheorie zu der Erkenntnis, dass Staat und Recht keine sich gemäß dem Kausalprinzip bewegende, mechanische Entitäten darstellen, sondern Bedeutung und Werte sowie Zwecke und Pflichten in sich tragen und ihnen so eine andere ideelle Bedeutung als im Naturalismus und Positivismus zukommt. Jedoch gelang es nicht, den Naturalismus hinter sich zu lassen, jene Dinge zu rehabilitieren, welche im Staat und in Strafrechtskreisen aufgrund ihres metaphysischen und irrationalen Charakters beseitigt worden waren, und damit die geistige Lethargie zu überwinden. Gegenstand der Erkenntnis des Neukantianismus war nach wie vor die wertfreie, nicht-normative äußere Wirklichkeit, wobei man sich auf Erkenntnis und Kritik der Bedeutung dieser von der Warte apriorischer und ideeller Werte und Zwecke beschränkte. Ebenso handelte es sich bei dem Handlungsbegriff als Erkenntnisgegenstand der Strafrechtswissenschaft um den von Liszt vertretenen naturalistisch-kausalen Handlungsbegriff, welcher sich auf die wertfreie, nicht-normative äußere Wirklichkeit bezieht und nach dem eine äußere Veränderung durch einen physikalischen Vorgang als Folge gedanklicher Aktivität hervorgerufen wird. Um was es sich dabei aber handelt und welche Bedeutung diesem in Bezug auf das Strafrecht zukommt, konnte nach neukantianischer Anschauung ohne eine Beurteilung in Übereinstimmung mit Wertmaßstäben, welche die äußere Wirklichkeit übersteigen, nicht verstanden werden. Nur in dem Fall also, in dem eine Handlung der abstrakten Vorstellung eines juristischen Tatbestandes entsprach und eine Wertelosigkeit in Form von Rechtswidrigkeit und Verantwortlichkeit aufwies, maß man dieser Handlung den Wert und die Bedeutung einer Straftat zu. Zwar machte der Neukantianismus darauf aufmerksam, dass die mechanische, wertfreie Wirklichkeit mit Werten und Bedeutung in Beziehung gesetzt werden müsse; dennoch gehörten demzufolge Werte der Welt der Ideen an, und strichen wie Phantome bloß um die äußere Wirklichkeit herum. Die durch Naturalismus und Kausalismus aus der Welt des Strafrechts vertriebene Geistigkeit und Sittlichkeit waren nicht an ihren ursprünglichen Platz zurückgekehrt. Weder Staat noch Recht konnten ihre ursprüngliche Seele, den Geist des Volkes, wiedergewinnen. Diese durch den Naturalismus hervorgebrachte geistige Leere konnte der Neukantianismus nicht überwinden; im Gegenteil vervollständigte und verfestigte er sie noch weiter.

Welzel richtete seine Kritik gegen den Naturalismus als Verursacher der geistigen Leere in Staat und Strafrecht sowie gegen die Wertphilosophie des Neukantianismus, die als dessen Ergänzung in Erscheinung getreten war, und ließ die Finalität, die Gesinnung und die objektive Pflicht, welche zuvor aufgrund ihres metaphysischen Charakters als Betrachtungsgegenstand verworfen worden war, innerhalb seines Handlungsbegriffs wieder aufleben. Er kritisierte, dass der Naturalismus menschliche Handlungen in die Bereiche der gedanklichen Aktivitäten (subjektiv) und der Veränderungen der Außenwelt durch physische Bewegung (objektiv) zerlegte und es bei einer kausalen Erklärung der Zusammenhänge bewenden ließ. Statt der Erfassung der gesamtheitlichen Bedeutung einer Handlung von der Seite der subjektiven Erkenntnis aus versuchte Welzel, die Handlung durch das geistige Band der „Finalität" zu vereinheitlichen und diese auf der Ebene des ursprünglichen und objektiven Seins zu begreifen. Die moderne aufklärerische Vernunft betrachtete das Sein der Dinge innerhalb eines selbst gesteckten Rahmens von Regeln und Gesetzen; jene Dinge, die mit den Kriterien des Kausalgesetzes oder der Zweckmäßigkeit nicht gemessen werden konnten, wurden von Wissenschaft und Philosophie als irrational und metaphysisch zurückgewiesen und aus jenem Rahmen ausgeschlossen. Welzel wurde als primitiver, Differenzierungen verabscheuender Barbar beschimpft, seine Theorie wurde verdrängt und als irrational und romantisch abgestempelt. Da man Vernunft und Gerechtigkeit stets auf der Seite von Naturalismus und Positivismus glaubte, war niemandem bewusst, wie irrational die Logik hinter dieser Ablehnung war. Es begann ein Ideenstreit, der sich der zweckrationalistischen Herrschaft der modernen Vernunft widersetzte, und der das diskriminierte und unterdrückte Instinktive, Dinge wie Unterschiedlichkeit und Individualität sowie das in Geschichte und Tradition wurzelnde Ursprüngliche rehabilitierte. Es ist sicherlich unmöglich, menschliche Handlungen, die sowohl natürliche als auch geistige Vorgänge darstellen, mit Hilfe von theoretischen Modellen in ihre Einzelteile zu zerlegen, diese dann wieder zusammenzufügen und daraus auf die Bedeutung des Ganzen zu schließen. Ebenso wenig kann man die ursprünglichen Werte von Dingen in Erfahrung bringen, wenn man sich nicht ihrem tatsächlichen, konkreten Sein stellt, sondern ihm zu entfliehen versucht und sie lediglich aus der Sphäre der abstrakten Werte betrachtet. Die Bedeutung von Welzels finaler Handlungslehre für die Strafrechtsgeschichte liegt wohl in dem Versuch, das Strafrecht von einer Position aus zu revolutionieren, die einen Entwurf hin zu einem ursprünglich vorhandenen Wesentlichen in menschlichen Handlungen vornimmt; dies geschah vom Standpunkt eines Denkens aus, welches zu den Ursprüngen zurückkehrt, um den objektiven Geist zu erfahren, der menschlichen Handlungen innewohnt. Im Kontext der finalen Handlungslehre hatte es offenbar eine Sozialphilosophie gegeben, welche die Überwindung der Moderne sowie eine Rückkehr zum Ursprünglichen anstrebte. Staats- und rechtstheoretische Manifestation dessen war die neuhegelianische Rechtsphilosophie Julius Binders, ebenso wie das Strafrechtsdenken der Kieler Schule Ausdruck des Radikalismus der Nationalsozialisten im Strafrecht war. Es lässt sich sagen, dass Welzels finale Handlungslehre den Weg zu einer transzendentalen Kritik der Dominanz des Naturalismus und der Wertphilosophie in der Strafrechtstheorie ebnete; kurzum, eine Kritik an der Modernität der strafrechtlichen Ideologie.

In seiner Rezension zu Welzels Habilitationsschrift bemerkt Seiichirō Ono, dass die von ihm selbst vertretene neukantianische Tatbestandslehre und Interpretationsmethode der teleologischen Begriffsstruktur zu „einseitig subjektiven Auslegungen" neigten, und innerhalb der zugrundeliegenden naturalistischen und positivistischen Weltanschauung zwar eine Verallgemeinerung der oberflächlichen Erscheinung von Dingen vorgenommen werden könne, letztlich aber das Noumenon, das tiefer liegende Wesentliche der Dinge, nicht erfasst werde, und die als Erkenntnisgrundlage dienenden Werte und Zwecke auch nichts weiter seien als subjektiv und abstrakt. Ono fügt hinzu, er müsse zugeben, dass Welzel mit der Äußerung, bei diesen theoretischen Schwachpunkten handele es sich um „den Positivismus ergänzende Theorien", den Nagel auf den Kopf getroffen hatte. Ono schrieb dazu Folgendes:

> „Gerade jetzt gilt es, ein tieferes Verständnis des Seins eines staatlichen und völkischen[18] Lebens zu erlangen und dessen konkretes Wertstreben sowie dessen Brechung und Reflexion in der komplexen Lebenswirklichkeit gründlich zu untersuchen. Damit ist nicht etwa eine bloße Ablehnung des Positivismus gemeint, sondern vielmehr eine Bestärkung des Positivismus, ein Begreifen der Dinge anhand von Erfahrung und Intuition, eine Einsicht in das Wesen der Dinge und ein Erfassen ihrer materiellen Logik. Mit anderen Worten: Es gilt, auf metaphysischer Ebene Erkenntnis über die Dinge zu erlangen."[19]

Um diesen Ansatz wirklich verfolgen zu können, müsse ermittelt werden, auf welche Weise sich diese Werte im komplexen Staats- und Volksleben zeigen. Dabei kommen jene konkreten Werte, nach denen gestrebt wird, in unterschiedlicher Gestalt zum Ausdruck, sowohl in gebrochener als auch in direkt reflektierter Form. Je komplexer das Leben, desto komplexer auch die Formen, in der konkrete Werte in Erscheinung treten. Wie konnten diese Werte nun ermittelt werden? Was musste man tun, um die Dinge zu verstehen, einen Einblick in ihr Wesen zu gewinnen und ihre materielle Logik zu erfassen? Dies konnte nicht mit Hilfe von abstraktem Denken gelingen, sondern nur durch unmittelbares Erfahren und intuitives Begreifen. Indem man sich dem Leben in Staat und Volk zuwandte und dieses vollständig durchdrang, konnte tiefere Erkenntnis über das Sein dieses Lebens erlangt und der Staat und Volk innewohnende objektive Geist erfasst werden. Zu diesem Zwecke galt es zunächst, zu metaphysischer Erkenntnis über die Dinge zu gelangen. Um zu dieser Erkenntnis vorzudringen, musste man sich auf den Weg machen, den in Japans Volk, Staat und Geschichte vorhandenen Rechtsgeist zu erfassen. Offenbar war es eben dieser Weg, der Ono zur Bewegung für japanische Rechtsvernunft führte.

---

18 Minzoku-teki 民族的: Dieser Begriff, den man mit „völkisch" oder auch „rassisch" übersetzen kann, ist im Japanischen weniger negativ behaftet als im Deutschen.

19 *Ono* (Fn. 17), S. 139.

3. Verbleibende Fragen

Zwar ist der Dialog mit der Vergangenheit des Strafrechts hiermit noch nicht beendet, dennoch soll an dieser Stelle eine vorläufige Zusammenfassung erfolgen. Ausgehend von einer Skizzierung der Situation des Strafrechts zu der Zeit vor dem Krieg wurde die Frage gestellt, wie ein Wiederaufleben und Erstarken jener faschistischen Strafrechtstheorien, die damals tobten, verhindert werden kann; die Spitze der Kritik richtete sich auf das Strafrechtsdenken und die Strafrechtspraxis der Bewegung für japanische Rechtsvernunft und setzte den Fokus auf den Strafrechtler Seiichirō Ono. Da Ono seine Lehrtätigkeit nach Erlass der Japanischen Verfassung verboten wurde, steht sein Strafrechtsdenken heute nicht mehr zur Diskussion. Es besteht jedoch Grund zur Sorge, dass jene Illusion eines japanischen Geistes des Strafrechts, nach welchem Ono forschte, weiter umherirrend seinen Platz im Recht einfordert, im Zuge dessen zu Normen der Moral und Sittlichkeit gemacht wird und so sich irrationale und metaphysische Ideen in diese Normen mischen, um sich schließlich in Rechtsnormen einzuschleichen. Die moderne Vernunft und die Grundsätze des Liberalismus im Strafrecht kämpfen zwar darum, dies zu verhindern. Es muss jedoch auch kritisch hinterfragt werden, inwieweit dabei versucht wird, einer Unterdrückung der Metaphysik zu entgehen[20].

Weiterhin wurden die Positionen der Strafrechtler, die sich an der Bewegung für japanische Rechtsvernunft beteiligt hatten, sowie ihre vermeintlichen Rechtfertigungen nach dem Krieg scharf kritisiert, mit gegenwärtigen Fragen in Bezug auf das Strafrecht in Verbindung gebracht und es wurde zur Wiederaufnahme der Frage nach der Verantwortung der untätig gebliebenen Strafrechtler aufgerufen. Zwar gibt es verschiedene Möglichkeiten, Verantwortung zu übernehmen, wie jedoch bereits erwähnt wurde, sind Fragen bezüglich der finalen Handlungslehre im Strafrecht der Nachkriegszeit noch nicht ausreichend diskutiert worden. Hierbei geht es allerdings nicht um die Frage nach ihrer sachlogischen Struktur des Verbrechensbegriffs und nach dessen Auslegungsmethode, sondern um die Frage danach, wie Zweck und Bedeutung der transzendentalen Kritik Welzels und Onos an der Modernität des Strafrechts als Aufgabe in das Strafrecht der Nachkriegszeit aufgenommen und gelöst werden kann. Dabei müssen etablierte Theorien wie Liszts positivistische Strafrechtswissenschaft,

20 Dies zeigt sich ganz deutlich etwa im Gegensatz zwischen einer Haltung, die den Rechtsschutz vor Hassverbrechen aus Stolz und Ehre, einem bestimmten Volk anzugehören, im spezifischen und konkreten Sinne versteht, und jener Haltung, die diesen im Kontext von freundschaftlichen und gleichwertigen Beziehungen zwischen Völkern allgemein und abstrakt auffasst.

die Tatbestandslehre oder die teleologische Auslegung des Strafrechts ein weiteres Mal auf den Prüfstand gestellt und ihre methodologischen Probleme und Grenzen mit anderen Methoden überwunden werden. Auf welche Weise können vernunftgemäße Werte und Prinzipien wie Freiheit, Gleichheit und Menschenrechte im Strafrecht gewonnen, und wie verwirklicht werden? Im Diesseits der Realität von Staat und Gesellschaft, oder aber im Jenseits? Es gilt nicht, Staat und Gesellschaft als statisch aufzufassen und ein Strafrecht des Diesseits zu fordern, sondern es gilt, Regelmäßigkeiten dynamischer Bewegungen und Entwicklungen zu untersuchen und zu prüfen, welche der Bestandteile ein Strafrecht des Jenseits ausmachen. Bevor man hierüber aber vor einer Vision eines veränderten Wirtschaftssystems nachdenkt, muss man sich der Gefahr bewusstwerden, dass die Modernität des Strafrechts hierbei leicht zu einem Gegenbild verfremdet werden kann, und dies einer kritischen Betrachtung unterziehen. Denn das nächste Gegenüber im kritischen Dialog mit der Strafrechtsgeschichte wird man selbst sein.

Zur Entstehung des rechtsphilosophischen Universalismus im japanischen Strafrecht

1. Die Verhältnisse der Zeit

In seinem Werk *Shōwa shisōshi* (Geschichte des Denkens der Shōwa-Zeit)[1] verfolgt Ikuo Arakawa zu Beginn des ersten Kapitels „Das Tennō-System und das Proletariat“[2] detailliert den Prozess, welcher zu dem von Eitarō Noro im Vorwort zu *Nihon shihon shugi hattatsushi* (Geschichte der Entwicklung des Kapitalismus in Japan, 1930) prophezeiten „Großen Untergang“ führte, der mit dem Scheitern der Arbeiterrevolution und dem Zusammenbruch der Parteiorganisation endete, und „dunkle Schatten“ auf den Geist der Intellektuellen jener Zeit warf[3].

Obwohl nach dem Ersten Weltkrieg vor allem im europäischen Kapitalismus eine Verschlechterung der Produktionsstandards während der Hochphase der Revolutionsbewegungen in Russland und der Weimarer Republik zunächst unvermeidlich gewesen war, hatte Noro aufgezeigt, dass in der zweiten Phase dieser Entwicklung sich die Zustände wieder auf das vor dem Krieg herrschende Niveau erholt hatten und dass gerade zu der Zeit, als man diese Zustände in einer dritten Phase zu überwinden gedachte, im Zuge des rasanten Fortschreitens der Kartellisierung und Trustbildung sowie einer Verschärfung der kapitalistischen Rationalisierung die Weiterentwicklung der Produktionsstandards vor allem durch die gestiegenen Arbeitslosenzahlen sowie durch eine Verschlechterung des Lebensstandards der Arbeiter ermöglicht wurde. Die Steigerung der kapitalistischen Produktionskraft, welche nur erreicht werden konnte, weil Arbeiter ihr Leben und ihre Rechte aufgaben, mussten Noro zufolge letzten Endes zum Zusammenbruch der gesellschaftlichen Produktionskraft führen, und die Entwicklung der Produktionskraft der Arbeit hemmen, wodurch die kapitalistische Wirtschaft selbst ins Stocken gerate. Zwar trage der globale Kapitalismus einen erbitterten Kampf aus, um sich von diesen widersprüchlichen Strukturen zu lösen; dies werde letztendlich jedoch zu einem imperialistischen Wettrennen um die Neuaufteilung der Kolonien führen, welcher auf die Ausweitung der Märkte,

---

1 Shōwa-Ära: 1926–1989.

2 Tennō ist die offizielle Bezeichnung für den japanischen Kaiser. Der Begriff Tennō-sei (Tennō-System) wurde offenbar erstmals von Mitgliedern der Kommunistischen Partei Japans gebraucht, um das System der kaiserlichen Herrschaft im modernen Japan zu bezeichnen.

3 *Ikuo Arakawa*, Shōwa shisōshi – Kuraku kagayakeru 1930 nendai [Geschichte des Denkens der Shōwa-Zeit. Die dunkel schimmernden 1930er] (1989) S. 4 ff.

https://doi.org/10.1515/9783110684315-007

die Monopolisierung und Nutzung von Rohstoffen, die Vergrößerung der Einflussgebiete für Kapitalexport und Investitionen usw. abzielt. Selbst wenn eine Eskalation durch Verhandlungen in den internationalen Organen hinausgezögert werden könne, stelle dies nur eine vorübergehende Entwicklung dar, und der Kampf zwischen den imperialistischen Mächten werde sich zu einem imperialen Krieg ausweiten, einer ausweglosen militärischen Auseinandersetzung, in der keine Einigung mehr möglich sein werde. Zur selben Zeit würden mit dem Aufkommen revolutionsartiger Arbeiter- und Bauernaufstände in den imperialistischen Staaten, welche den imperialen Krieg ablehnen, und mit der Ausbreitung von Unabhängigkeitsbewegungen in den Kolonien weitere konfliktreiche Krisen entstehen. Ausgehend von dieser Analyse der damaligen Situation des globalen Kapitalismus schrieb Noro, „Ob, wann und in welcher Gestalt eine Zuspitzung dieser Auseinandersetzungen zur großen Katastrophe führen wird, das hängt lediglich von dem Heranreifen einer einzigen subjektiven Bedingung ab". Er erklärte eine selbstbestimmte und organisierte Stärkung der Revolutionsfähigkeit in Japan zur dringendsten Aufgabe der Zeit und trat selbst in die Kommunistische Partei Japans ein, wo er sich voll und ganz der Revolutionsbewegung widmete.

Im Mai 1932 stellte das Europäische Büro des Exekutivkomitees der Komintern seine „Thesen über die Situation in Japan und die Mission der Kommunistischen Partei Japans" (kurz 32-nen tōze) vor, welche im Juli desselben Jahres in der illegalen Parteizeitung Akahata (Rote Fahne) veröffentlicht wurden. In den Thesen von 1932 wird darauf hingewiesen, dass auf dem Weg zur Diktatur des Proletariats in Japan die strategische Aufgabe liege, die „ungewöhnlich starken Elemente des Feudalismus" zu beseitigen, und dass aus diesem Grunde die Stufe der bürgerlich-demokratischen Revolution, welche diese Aufgabe erfolgreich umsetze, unumgänglich sei. Jene feudalistischen Elemente finden sich Noro zufolge im totalitären Tennō-System, welches auf der Klasse der parasitären, halbfeudalistischen Grundbesitzer sowie der der habgierigen Kapitaleigner aufgebaut sei, und in dem man ein festes und beständiges Bündnis mit deren Anführern geknüpft habe. Als erste Aufgabe der Revolution in Japan wird der Sturz des Tennō-Systems genannt, welches das stabile Rückgrat der kapitalistischen, halbfeudalistischen Ausbeutung bilde und von der Gesamtheit der staatlichen Organe unterstützt werde. Die jungen Revolutionäre, die mit den Thesen von 1932 eine theoretische Rüstung untereinander verstärkten, setzten sich als Gegner eines imperialistischen Krieges das Ziel, diesen in einen innerstaatlichen Bürgerkrieg umzuwandeln, um das von den Kapitalisten und halbfeudalistischen Grundbesitzern getragene Tennō-System zu stürzen. Dabei folgten sie Parolen wie „Für die Errichtung einer sowjetischen Arbeiter- und Bauernregierung" und riefen dazu auf, sich für den Kampf der demokratischen revolutionären Kräfte zu sammeln, wobei sie sich selbst für diese Doktrin aufopferten.

Als Noro im Februar 1933 aus dem Untergrund aktiv zu werden begann, wurde Takiji Kobayashi, Autor von *Kani Kōsen* (dt. Das Fabrikschiff) oder *Tō Seikatsusha* (engl. Life of a Party Member) und Generalsekretär des Japanischen Proletarischen Schriftstellerbundes NALP[4], der ebenfalls untergetaucht war, wegen des Verdachts des Verstoßes gegen das Gesetz zur Aufrechterhaltung der öffentlichen Sicherheit (Chian iji hō)[5] durch die Tokkō-Polizei-Einheit[6] von Tōkyō-Tsukiji verhaftet und starb nach dreistündiger Folter und grauenhafter Lynchjustiz. Takijis Oberschenkel waren „schrecklich verfärbt, als hätte man sie mit Tusche und roter Tinte bemalt" und „waren auf das Doppelte ihrer normalen Größe angeschwollen". Im November kam es, ausgelöst durch den „Ōmori-Gang-Fall"[7], zu einer Massenverhaftung, bei der die Zentrale der Kommunistischen Partei Japans sowie 1500 weitere beteiligte Personen festgenommen wurden, wodurch die Partei in einen Zustand des Chaos gestürzt wurde. Yoshimichi Iwata, ein Mitglied der Parteizentrale, wurde ebenso wie Takiji Opfer einer gnadenlosen Folter. An seinen Kniegelenken waren Spuren von Gewalteinwirkung durch eine Eisenkette zu erkennen, und seine Brust- und Oberschenkelregion waren angeschwollen und dunkelviolett verfärbt. Um die langsam in sich zusammenstürzende Partei sowie die Kommunistische Bewegung wiederzubeleben, richtete Noro mit weiteren jungen Funktionären ein Zentralkomitee ein und wurde selbst dessen Vorsitzender. Im selben Monat jedoch wurde er verhaftet, woraufhin er im Februar 1934, nachdem er in verschiedenen Polizeirevieren von einer Zelle in die nächste gewandert war, in der Polizeidienststelle in Shinagawa starb.

Um den von Noro prophezeiten „Großen Untergang" mit Hilfe einer Arbeiterrevolution abzuwenden, sei ihnen – so hieß es – keine andere Wahl geblieben, als die entsetzlichen Qualen durch Terror und Lynchjustiz der Behörden über sich ergehen zu lassen und sich dem Tod zu stellen. Als bekannt wurde, dass jene

4 NALP: Japanische Abteilung der Internationalen Vereinigung Revolutionärer Schriftsteller.

5 Chian iji hō: Das sogenannte Gesetz zur Aufrechterhaltung der öffentlichen Sicherheit wurde im April 1925 erlassen und beinhaltete eine Reihe von Gesetzen, die vor allem auf die Unterdrückung politisch Andersdenkender und systemkritischer Gruppierungen abzielten.

6 Abkürzung für Tokubetsu tōkō keisatsu, dt. etwa „Spezielle Höhere Polizei".

7 Der sog. Ōmori gyangu jiken (auch Sekishoku gyangu jiken oder Akairo gyangu jiken) ereignete sich am 6. Oktober 1932 im Bezirk Ōmori (heute Bezirk Ōta) in Tōkyō. Dabei begingen Mitglieder der Kommunistischen Partei Japans auf eigene Faust einen Bankraub, woraufhin das Ansehen der Partei stark sank. Im Zuge dessen fand eine verstärkte organisierte Verfolgung von Anhängern der Kommunistischen Partei statt.

Männer Terror und Lynchjustiz unbeirrt über sich hatten ergehen lassen und schließlich ihr Leben gaben, um die Wissenschaftlichkeit ihrer Theorien und die Gesetzmäßigkeit ihrer Ideen zu beweisen, habe eine Flamme des Widerstandes und der Befreiung, die sie trotz alledem hatten entzünden können, als absolutes und einziges Kriterium zur Bestimmung der Positionen der Intellektuellen dieser Zeit gedient. Arakawa zufolge barg diese Flamme die Ästhetik einer hingebungsvollen Selbstaufopferung für jene Ideen in sich. Den Intellektuellen, die den Geistesströmungen dieser unsicheren Zeit[8] anhingen, sei sie jedoch offenbar ein wenig zu schön erschienen. Als sich im Schatten dieser schönen Flamme die eigene hässliche Gestalt zeigte, seien sie der eigenen Hässlichkeit mit Abscheu begegnet und verfluchten nun die Schönheit der Flamme. Diese die Hässlichkeit verabscheuende Schönheit habe sie in Verzweiflung gestürzt, und die Hässlichkeit, welche die Schönheit verfluchte, sie dazu gebracht, jene Hässlichkeit schließlich in sich selbst aufzunehmen. „Hässlichkeit und Schönheit waren jeweils von solch einer Intensität, dass sie sich kaum voneinander unterschieden", so Arakawa. Der „dunkle Schatten", der sich ihm zufolge auf den Geist der Intellektuellen legte, war der Schatten jener Flamme der Ästhetik. Gleichzeitig zeigte sich hierin, so Arakawa, die „blaue Flamme einer dunklen Leidenschaft, die die Dringlichkeit einer 'Neugestaltung' in irgendeiner Form voraussah". Nachdem die von Noro im Kampf gegen die Realität des „Großen Untergangs" entzündete Flamme des Widerstandes und der Befreiung nach der gescheiterten Arbeiterrevolution und dem Untergang der Parteiorganisation erloschen war, seien nun die Intellektuellen der Zeit darangegangen, jene „blaue Flamme einer dunklen Leidenschaft" in einer anderen Form aufflammen zu lassen.

2. Das Grabmal der Vernunft

Nach dem Ersten Weltkrieg wehrte sich der globale Kapitalismus gegen das Aufbegehren sozialistischer Bewegungen wie der Russischen Revolution, indem er die Produktionsstandards wieder auf das Niveau vor dem Krieg brachte (zweite Phase) und durch die Kartellisierung und Bildung von Trusten sowie eine Verstärkung der kapitalistischen Rationalisierung das Niveau noch weiter überschritt (dritte Phase). Jedoch wütete zu dieser Zeit ein Unrecht, welches in der Verkleidung des Gesetzes zur Aufrechterhaltung der öffentlichen Sicherheit und mit Hilfe der Macht einer polizeilichen Willkürherrschaft Opfer wie Takiji, Iwata und Noro forderte. Anhand der im Gesetz zum Schutz der öffentlichen

8 In dem im Jahr 1933 von *Kiyoshi Miki* verfassten Aufsatz Fuan no shisō to sono chōkoku [Das Denken der Unsicherheit und seine Überwindung], in: Miki Kiyoshi chosakushō [Kiyoshi Miki: → Gesammelte Schriften] Bd. 13 (1950) S. 133 ff. wird die „Unsicherheit" beschrieben, von welcher die Gelehrten der Zeit befallen waren.

Sicherheit enthaltenen Bestimmungen lässt sich ein Rechtsdenken erkennen, welches der dritten Phase des japanischen Kapitalismus entspricht. Somit wurde auch die Theorie vom richtigen Recht[9], die sich dem entgegenstellte, Opfer ebendieses Gesetzes. Unter der Überschrift „Grabmal der Vernunft" führt Arakawa zwei Ereignisse vom Mai und Juni des Jahres 1933 an, welche tiefen Schrecken verbreitet hatten. Es handelt sich hierbei erstens um den Takigawa-Zwischenfall an der KyōtoUniversität und zweitens die von zwei Mitgliedern der Parteiführung der Kommunistischen Partei Japans, Manabu Sano und Sadachika Nabeyama, verfasste „Mitteilung an unsere mitangeklagten Genossen" (Kyōdō hikokunin dōshi ni tsuguru sho; die sogenannte „Umkehrerklärung")[10].

2.1 Systemkritische Strafrechtswissenschaft

Wie bereits bekannt ist, lassen sich in den um 1930 entstandenen Schriften des Strafrechtlers Yukitoki Takigawa einige durch den Marxismus beeinflusste Darstellungen finden[11]. Laut Takigawa resultierten alle in einer kapitalistischen Gesellschaft begangenen wesentlichen Eigentumsdelikte aus Armut, Arbeitslosigkeit und unsicheren Lebensverhältnissen, und die Ursachen hierfür seien in der Irrationalität des Gesellschaftssystems zu suchen. In einer kapitalistischen Gesellschaft stehen sich demnach zwei Parteien gegenüber: auf der einen Seite die Arbeiterklasse, die ihre Arbeitskraft verkauft und ansonsten über keinerlei Absicherungen verfügt, und auf der anderen Seite die Klasse der Kapitaleigner, die diese Arbeitskraft kauft und dabei einen Mehrwert erwirtschaftet, wodurch ein erbitterter Klassenkampf entfacht werde. Durch die Kraft einer Volkszugehörigkeit und Staatsgrenzen überschreitenden Zusammenschlusses habe die Arbeiterklasse versucht, sich aus den Fesseln der Kapitaleigner zu befreien; allerdings seien alle die Interessen der Arbeiterklasse schützenden Aussagen und Handlungen als rechtswidrig anzusehen, sobald sie gegen die bestehende Rechtsordnung einer Gesellschaft verstießen, und somit als Verbrechen zu ahnden. Zwischen den Interessen der Klasse der Kapitaleigner, die den derzeitigen Zustand des gesellschaftlichen Gefüges beizubehalten gedenke, und den Interessen der Arbeiterklasse, die sich selbst durch den Umsturz ebendieses Gefüges zu befreien versuche, stehe das Strafrecht. Hierbei handele es sich zwar um ein

---

9 Damit ist der von der Kant'schen Philosophie beeinflusste Gedanke vom „richtigen Recht" nach Rudolf Stammler gemeint; jp. seihō.

10 *Arakawa* (Fn. 3), S. 70 ff.

11 Zu Takigawas Strafrechtslehre siehe genauer Ken' ichi Nakayama, Keihō no kihon shisō [Grundgedanken des Strafrechts] (1979) S. 80 ff. sowie *Ken Naitō*, Keihō riron no shiteki tenkai [Zur historischen Entwicklung der Strafrechtstheorie] (2007) S. 284 ff. Hinsichtlich des Takigawa-Zwischenfalls vgl. *Takayoshi Matsuo*, Takigawa jiken [Der Takigawa-Zwischenfall] (2005).

konservatives Gesetz, dessen Anwendung durch die Klasse der Kapitaleigner erfolge, das aber trotzdem, oder vielmehr aus genau diesem Grund, ein Gesetz sein müsse, dass als „magna charta des Verbrechers" auszulegen und anzuwenden sei. Basierend auf diesem grundsätzlichen Verständnis von einem Klassensystem in einem kapitalistischen Strafgesetz erklärte Takigawa, dass in der realen kapitalistischen Gesellschaft, in der sich zwei Klassen gegenüberständen, das Gesetzlichkeitsprinzip sowie die Vergeltungstheorie genauer in Augenschein genommen werden müssten. Des Weiteren war er der Ansicht, dass aufgrund der vagen Formulierung der Tatbestände im Wortlaut des Gesetzes zur Aufrechterhaltung der öffentlichen Sicherheit in vielen Fällen kein eindeutiges Urteil darüber gefällt werden könne, ob es sich dabei tatsächlich um ein Verbrechen handele. Takigawa argumentierte darüber hinaus, dass die Erziehungspraxis einer harten Bestrafung aller den *Kokutai*[12] und das System des Privateigentums ablehnenden Überzeugungstäter nichts anderes sei als eine Abkehr von der Strafrechtstheorie an sich und stattdessen für diese Täter eine „Inhaftierung" (Gefängnisstrafe) als Ehrenstrafe angemessen sei.

Ähnliche Gedanken, wie sie in dieser Art systemkritischer Strafrechtstheorie zu finden sind, wurden auch von Seiichirō Ono vertreten[13]. Ab Ende der 1920er bis Anfang der 1930er Jahre formulierte Ono unter dem Einfluss buddhistischer Lehren und des Neukantianismus, insbesondere der Kulturphilosophie der Südwestdeutschen Schule, eine Strafrechtslehre auf der Grundlage einer „kulturalistischen Gerechtigkeitsanschauung". Sein Verdienst besteht darin, dass er die Tatbestandslehre berücksichtigte und auf diese Weise das Fundament der objektivistischen Lehre vom Verbrechensaufbau festigte; vor allem aber wandte er sich damit gegen den Subjektivismus, der zu dieser Zeit gerade seinen Höhepunkt erreichte. Dies war insofern von großer Bedeutung, als Ono sich damit gegen die Anwendung des Rechts im Sinne einer Ausweitung der Strafgewalt der Exekutive und für den Schutz der Freiheit der Bürger aussprach, wofür seine Arbeit noch immer sehr hoch geschätzt wird. Am Gesetz zur Aufrechterhaltung

---

12 Kokutai: wörtl. „Staatskörper". Dieser Begriff wurde vor allem in der Zeit ab Ende des 19. Jh. bis zum Zweiten Weltkrieg als wesentlicher Bestandteil der Herrschaftsideologie des jap. Kaiserreiches genutzt und bezeichnet in diesem Zusammenhang die bildliche Vorstellung des Staates als einer Art Familie (oder Organismus) mit dem Kaiser an der Spitze, der den Kopf des Körpers darstellt.

13 Zu Seiichirō Onos Strafrechtslehre vgl. die Darstellungen bei *Nakayama* (Fn. 11) S. 52 ff.; Naitō (Fn. 11) S. 284 ff.; *Kōichi Miyazawa*, Ono Seiichirō no keihō riron [Die Strafrechtstheorie Seiichirō Onos], in: Tsuneo Kikkawa / Ken Naitō / Ken'ichi Nakayama / Toshiki Odanaka / Makoto Mitsui (Hrsg.), Keihō rironshi no sōgōteki kenkyō [Allgemeine Studien zur Geschichte der Strafrechtstheorie] (1994) S. 475 ff.

der öffentlichen Sicherheit beispielsweise übt Ono zwar nicht unmittelbar Kritik, jedoch gibt es einige interessante Darstellungen, die vermuten lassen, dass er sich der allgemeinen Tendenz in der Strafrechtstheorie und der strafrechtlichen Praxis seiner Zeit bewusst war. So schrieb er in *Keihō sōsoku sōan ni okeru misui-han oyobi funō-han* („Der strafbare Versuch und der untaugliche Versuch in den Allgemeinen Bestimmungen des Strafrechtsentwurfs") (1933)[14], die subjektivistische Vorstellung, nicht nur der Versuch, sondern auch die Vorbereitung und Verschwörung zu einer Tat müsse bestraft und somit der untaugliche Versuch ebenso wie der strafbare Versuch geahndet werden, entspringe der „Ideologie eines staatlichen Absolutismus". Ono zufolge findet hiermit „eine Rückkehr zu den polizeistaatsähnlichen rechtlichen Zuständen des 18. Jahrhunderts" statt, und es sei „in Bezug auf das heutige Strafrecht womöglich damit zu rechnen, dass dies die totale Herrschaft des Finanzkapitalismus und der imperialistischen Staatsmacht zur Folge haben könnte". Zu dieser kritischen Einschätzung auf der Grundlage eines realistischen Geschichtsverständnisses gelangte Ono ausgehend von seiner „kulturalistischen Gerechtigkeitsanschauung" und der Idee einer „kulturellen Gemeinschaft", welche er dem derzeit existierenden imperialistischen Staat gegenüberstellte. Aus diesem Grund konnte er schlussfolgern, dass in jeder beherrschenden Gesellschaft, welche sich in den wirtschaftlichen und kulturellen Machtverhältnissen wiederspiegele, d.h. in der realen Klassengesellschaft, in der die Herrschaft über die Arbeiterklasse durch die Klasse der Kapitaleigner durchgesetzt werde, Einschränkungen zugunsten der „Kultur" stattfänden und deshalb die Freiheit der Individuen und der beherrschten Klasse vor der Strafgewalt des Staates geschützt werden müssten. An dieser Stelle lässt sich deutlich der Einfluss des neukantianischen Begriffs der Wertrelativität in Onos Strafrechtslehre erkennen. In diesem Sinne war es für Onos Strafrechtslehre ebenso wie für die Takigawas äußerst schwierig, angesichts des unrechtmäßigen Rechts der dritten Phase des japanischen Kapitalismus zu bestehen. Darüber hinaus bemühte sich das japanische Kultusministerium (Monbushō) aus ebendiesem Grund, systemkritische Strafrechtslehren im Keim zu ersticken. Letztlich war es jedoch nur Takigawa, der durch das Monbushō mit einer Rücktrittsforderung konfrontiert und der Universität verwiesen wurde.

14 *Seiichirō Ono*, Keihō sōsoku sōan ni okeru misuihan oyobi funō-han [Der strafbare Versuch und der untaugliche Versuch in den allgemeinen Bestimmungen des Strafrechtsentwurfs], in: Ders., Hanzai kōsei yōken no riron [Theorie des Straftatbestands] (1953) S. 277 ff.

2.2 Die Hintergründe der „Umkehr"

Nachdem Sano und Nabeyama im Zuge des Vorfalls vom 16. April 1929 zu lebenslangem Zuchthaus verurteilt und inhaftiert worden waren, veröffentlichten sie ihre „Umkehr"-Erklärung; aufgrund der darin enthaltenen Selbstkritik der die Arbeiter und Bauern der Zeit repräsentierenden Anführer zog sie solch heftige Reaktionen nach sich, dass damit fast eine Lawine der „Umkehr" ausgelöst wurde. Weniger als einen Monat nach Bekanntmachung der „Umkehr"-Erklärung verkündeten auch die inhaftierten Parteivorsitzenden Sadaki Takahashi, Shirō Mitamura und Katsuo Nakao ihre „Umkehr", und die Kommunistische Bewegung befand sich nun in einer äußerst prekären Situation, die zu überwinden ihnen nunmehr nur schwer möglich war.

Die sogenannte „Umkehr"-Erklärung bestand aus zwei Punkten. Zum einen beinhaltete sie die Abkehr von der bürokratischen und sektenhaften Führung der Komintern. Dies stellte eine Reaktion auf die Verabsolutierung der Komintern und der Sowjetunion sowie auf die Dogmatisierung der so entstandenen Programmlinien dar. Als man um 1930 innerhalb der Kommunistischen Partei der Sowjetunion das stalinistische System etablierte, sei die Komintern bereits nicht mehr Führungsorgan der internationalen Arbeiterbewegung und der Weltrevolution gewesen; stattdessen sei sie eine Organisation im Dienste der gesamten Sowjetunion geworden. Aus diesem Grund hielten es Sano und Nabeyama für notwendig, ihre Verbindungen zur Komintern abzubrechen und erklärten, auf der Grundlage der eigenen zehnjährigen Erfahrung und Tradition den Weg zu einem Ein-Staat-Sozialismus beschreiten zu wollen. Hierin lag eines der wahren Motive, die durch die später von der Geschichtsforschung offengelegten Erfahrungen und Gemütszustände der Betroffenen bestätigt wurden. Ein weiterer Punkt bestand in der Hinwendung zum Tennō-System, das in den Thesen von 1932 noch als „feudalistisches Element" bezeichnet worden war, welches es durch eine bürgerlich-demokratische Revolution in Japan umzustürzen gelte. Japanische Kommunisten müssten zunächst einmal die in breiten Schichten der Bevölkerung vorhandene gesellschaftliche Empfindung begreifen, nach der das Kaiserhaus den Kern der Einigkeit des japanischen Volkes bilde. In ihrem blinden Glauben an den durch die Komintern verkündeten abstrakten und leeren Weg der Revolution sei es ihnen nicht möglich gewesen, sich in die Herzen der Bevölkerung einzufühlen, und so müsse man sich aufrichtig eingestehen, dass sich die Bevölkerung von ihnen entfernt habe. Da man als Kommunist auch Teil der Bevölkerung sei, sei die Verwirklichung eines Ein-Staat-Sozialismus in Japan nicht möglich, solange er nicht dieselben Gefühle teile und sein eigener Körper und Geist nicht mit dem der Bevölkerung übereinstimme. Der sogenannte imperialistische Krieg könne und müsse in einen Fortschrittskrieg von welthistorischer Bedeutung verwandelt werden, welcher das Arbeitervolk der rückständigen asiatischen Länder von den amerikanischen und europäischen imperialistischen Staaten befreit. Schließlich heißt es, es gelte nun, Japan, Taiwan und Korea zu einem Block zusammenzufassen und einen Ein-Staat-Sozialismus zu errichten, um daraufhin in ein Bündnis mit China, das nun eine Volksregierung besaß, zu treten und eine große sozialistische Bundesrepublik zu bilden. Dies sollte in Zukunft zur Errichtung eines einzigen gigantischen sozialistischen Staates führen, welcher auch die Mandschurei und China einschließen solle. Sano und Nabeyama räumten ein, ihre Parolen gegen den imperialistischen Krieg, ihr Programm zum Sturz des Tennō-Systems sowie ihre politischen Forderungen nach der Befreiung der asiatischen Kolonien seien ein Fehler gewesen, und kehrten der Kommunistischen Bewegung damit den Rücken[15].

Mehr noch als die Beurteilung des Führungsstils der Komintern in der oben dargestellten „Umkehr"-Erklärung ist die darin ersichtliche Hinwendung zum Tennō-System von wesentlicher Bedeutung: Man trennte sich lediglich von derjenigen Bewegung, die zur japanischen Abteilung der Komintern gehörte. Umso mehr hielt man nun an einem Weg der Revolution hin zu einem Ein-Staat-Sozialismus nach den eigenen Vorstellungen fest, und die Ablehnung gegenüber einem durch Privateigentum bestimmten System war weitgehend ungebrochen. Somit muss diese Hinwendung zum Tennō-System für die Mitglieder der Kommunistischen Partei sowie für die Intellektuellen der Zeit ein großer Schock gewesen sein. Eine solche Umkehr kann sicher ernst gemeint, aber selbstverständlich auch nur vorgeschoben sein. Unter den „Umkehrern" gab es höchstwahrscheinlich auch einige, die in einer Art Notsituation, in der man sich vor der drohenden Gefahr für das eigene Leben zu schützen versuchte, die Rückkehr zum Tennō-System schworen. Aber unabhängig davon, ob sie tatsächlich meinten, was sie sagten, mussten sie eine logische Erklärung für ihren Sinneswandel finden. Die Betroffenen hatten in erster Linie die in Europa entwickelten Wissenschaften studiert und diese als Orientierung für ihr eigenes Weltbild genutzt. Als intelligente Menschen, die sich fest entschlossen der Revolutionsbewegung gewidmet hatten, hätten sie sich sicherlich nicht mit einer spontan ersonnenen, bequemen Erklärung für ihre „Umkehr" zufrieden gegeben. Ob es sich nun um eine Annäherung an das Wahre, Gute und Schöne oder aber um eine Rückkehr zum Falschen, Schlechten und Hässlichen handelte, in jedem Fall bedurfte es hierbei reiflicher Überlegung. Die Frage nach der Art und Weise, wie die Umkehrer, allen voran Sano und Nabeyama, durch wiederholte Reflexion schließlich zur

15 Hier wurde auf die von Manabu Sano und Sadachika Nabeyama verfasste Schrift Kyōdō hikokunin dōshi ni tsuguru sho [Mitteilung an unsere mitangeklagten Genossen] Bezug genommen, die vollständig unter www.marino.ne.jp abrufbar ist.

Einsicht gelangten, ist überaus interessant. Es bestand eine starke Faszination für die Ideologie des Tennō-Systems, die nicht einfach mit Irrationalität erklärt werden konnte, und sicherlich lag ihnen auch daran, die eigene Leichtfertigkeit einer kritischen Prüfung zu unterziehen, mit der sie bis dahin westliches Aufklärungsdenken oder sozialistisches Gedankengut nur in der Theorie gepredigt hatten, ohne dabei jemals aus der Bedeutung der Geschichte des Tennō-Systems zu lernen. Als denkender Mensch hatte man sich dem Tennō-System als realer Gegebenheit wohl oder übel zu stellen. Es schien, als hätten Kulturalismus und Liberalismus, von denen man sagte, dass sie sich in die Welt der Ideen und Theorien flüchteten, um von dort aus die Realität zu beurteilen, längst an Gültigkeit verloren[16]. Stattdessen fragte man nun nach „Entscheidungen", nach „Entwürfen". Solange man nicht die Realität betrachtete und sich diese als Rahmen für das eigene Denken setzte, waren selbstständige gedankliche Leistungen nicht zu erwarten. Wie der Literaturkritiker Hideaki Oketani argumentiert[17], waren die Kommunisten der Shōwa-Zeit aus dem Antrieb heraus, die Grenzen des modernen Europa zu überwinden, fanatische Anhänger des russischen Kommunismus geworden. Nach dem Zusammenbruch der Kommunistischen Bewegung aber verwandelte sich diese Motivation wieder in etwas Japanisches und begann sich zu manifestieren. „Die blaue Flamme einer dunklen Leidenschaft" kehrte so zum Tennō-System zurück, indem sie wieder zu etwas Japanischem wurde, und begann in dem Moment zu brennen, als man das Japanische zum Rahmen seines Denkens machte.

3. Die „Umkehr" in der Rechtswissenschaft

In dem in Band 11 von Kōza. *Nihon kindai hōshi hattatsushi* (Vorlesungen über die Geschichte der Entwicklung des modernen japanischen Rechts) enthaltenen

16 *Jun Tosaka* weist in *Nihon ideorogō ron* [Zur Ideologie in Japan] (1935) S. 25 ff., darauf hin, dass im Japan der 1930er Jahre eine „hermeneutische Philosophie" als eine Ausprägung des „liberalistischen Denkens" vorherrschend war, welche nicht durch die Analyse der vorhandenen Dinge zu einem Schluss über deren Wesen kam, sondern lediglich die „Bedeutung" der Dinge interpretierte. Dabei ließ man es so aussehen, als diskutiere man reale Fragestellungen, während man in Wirklichkeit nur über die an eine Vorstellung angeschlossene „Bedeutung" sprach, und darüber hinaus die Wurzeln dessen in der „Geschichte" oder in den „Klassikern" suchte. Um die „Kategorien, die nur zu der Zeit, während der die Klassiker entstanden, galten", in die Gegenwart zu übertragen, müsse „jene Wirklichkeit, die die gegenwärtige wirkliche Welt in sich trägt, verschwinden, und stattdessen entfaltet sich eine Welt, wie sie in den Klassikern behandelt wird". Indem er die theoretischen Besonderheiten dieses Denkens vorstellt, weist Tosaka darauf hin, dass diese Flucht in die Welt der Ideen und Vorstellungen letztendlich zum Nipponismus führen müsse.

17 *Hideaki Oketani, Shōwa seishin-shi* [Geistesgeschichte der Shōwa-Zeit] (1996) S. 18.

Kapitel „Geschichte der Strafrechtsrechtswissenschaft (Disziplingeschichte)" (1967) teilen Chihiro Saeki und Yoshinobu Kobayashi den Entstehungsprozess des modernen japanischen Strafrechts in vier Phasen auf: die Phase der Vorbereitung des Rechtssystems; die Phase der Errichtung des Rechtssystems; die Phase der Reorganisation des Rechtssystems; und schließlich die Phase des Zusammenbruchs des Rechtssystems. Saeki und Kobayashi untersuchen diese Phasen der Reihe nach und nehmen dabei eine Analyse der Inhalte der Bewegung für japanische Rechtsvernunft sowie deren Ausgang in der Phase des Zusammenbruchs vor[18].

3.1. Die japanische Rechtsvernunft in der Phase des Zusammenbruchs

Nach dem „Mandschurei-Zwischenfall" von 1931[19] beschloss die japanische Regierung den Austritt aus dem Völkerbund. Im weiteren Verlauf weitete sich dies zum Zweiten Chinesisch-Japanischen Krieg[20] aus und die japanische Regierung trieb Schritt für Schritt die Verabschiedung des Nationalen Mobilisierungsgesetzes (*Kokka sōdōin hō*, 1938) sowie den Aufbau einer Kriegsstruktur eines hoch entwickelten Wehrstaats voran. Als Antwort auf diese Entwicklungen nahm das Komitee für die Förderung der japanischen Wissenschaften (Nihon shogaku shinkō iinkai) im Jahr 1939 eine Untersuchung der Situation der Rechtswissenschaft auf der Grundlage des „japanischen Geistes" vor, während das Justizministerium Rechtsreformen gemäß dem „Geiste der Reichsgründung"[21] plante. 1940 wurde die Forschungsgruppe für japanische

18 *Chihiro Saeki* und *Yoshinobu Kobayashi*, Keihōgakushi (Gakushi) [Geschichte des Strafrechts (Fachgeschichte)], in: Nobushige Ukai / Masao Fukushima / Takeyoshi Kawashima / Kiyoaki Tsuji, Kōza. Nihon kindai hōshi hattatsushi dai-11-kan [Vorlesungen. Geschichte der Entwicklung der Rechtsgeschichte im modernen Japan, Bd. 11] (1967) 283 ff.

19 Auch Mukden-Zwischenfall. Am 18. September 1931 inszenierte das japanische Militär eine Explosion nahe Mukden, für die es Chinesen verantwortlich machte. Der Vorfall führte zur sogenannten Mandschurei-Krise, in deren Folge Japan die Mandschurei einnahm und den Marionettenstaat Manchukuo errichtete. Der Mukden-Zwischenfall gilt als Ausgangspunkt der militärischen Expansion Japans in den 1930ern.

20 Im Original in Anführungszeichen „Shina jihen" („Shina-Zwischenfall"). Es handelt sich hierbei um eine Bezeichnung für den Zweiten Japanisch-Chinesischen Krieg ab 1937, der sich zum Pazifikkrieg ausweitete; Shina gilt im Japanischen als abwertender Begriff für China.

21 Der Begriff chōkoku (Reichsgründung) bezieht sich vermutlich auf die in den Chroniken Kojiki (712) und Nihon Shoki (721) enthaltenen Legenden über die alten japanischen Kaiser. Demnach soll der erste Kaiser Jinmu bereits im 7. Jahrhundert v. Chr. geherrscht haben.

Rechtsvernunft (*Nihon hōri kenkyōkai*) ins Leben gerufen, welche es sich zum Ziel machte, „ausgehend von der wahren Bedeutung des Kokutai und auf der Grundlage der Gedanken, Empfindungen und Lebensweise des Volkes die japanische Rechtsvernunft zu ergründen, um damit am Aufbau und an der Anwendung eines Neuen Japanischen Rechts mitzuwirken und darüber hinaus einen Beitrag für die Herstellung einer Großostasiatischen Ordnung sowie für die Entwicklung einer globalen Rechtskultur zu leisten“. Diese japanische Rechtsvernunft predigte man unter Verwendung von Begriffen wie dem des japanischen Geistes, des Geistes der Reichsgründung oder der japanischen Moral, jedoch war „deren Gehalt im Allgemeinen schrecklich abstrakt und kaum inhaltlich relevant“. Zu dieser Zeit vertrat Ono in *Die bewusste Entwicklung der japanischen Rechtsvernunft* (1942) die Ansicht, dass sich das spezifisch japanische Recht in der Art und Weise zeige, wie in Japan in großem Umfang ausländisches Recht rezipiert wurde, insbesondere mit der Übernahme des chinesischen Rechtssystems in der Zeit zwischen der Taihō- und der Yōrō-Ära[22] sowie der Aufnahme westlichen Rechts seit der Meiji-Zeit[23], und dass sich in dem Prozess der Auswahl und Verarbeitung dieses Rechts japanische Besonderheiten entdecken ließen. Da die Übernahme des Konfuzianismus und des chinesischen Rechtssystems sowie die des indischen Buddhismus Ono zufolge eine wichtige Rolle bei der Bildung des japanischen Volkscharakters gespielt hatten, könne Japan damit die gesamte östliche Welt vertreten, und darüber hinaus entstehe so mit der Aufnahme und Verarbeitung westlicher Kultur und westlichen Denkens seit der Meiji-Zeit allmählich eine globale Kultur, welche Ost und West in sich vereine. Es handele sich hierbei um einen „Prozess der subjektiven und selbständigen Erschaffung einer Kultur durch die bewusste Entwicklung des japanischen Geistes“, und in diesem Prozess der subjektiven und selbständigen Erschaffung einer Kultur sei die bewusste Entwicklung einer dem japanischen Recht innewohnenden, dessen Wesen bestimmenden Vernunft und Ratio, d.h. die Entwicklung einer japanischen Rechtsvernunft, notwendig. Darüber hinaus behauptet Ono, um diese Vernunft und Ratio begreifen zu können, müsse man sich auf die Erfahrungen der japanischen Rasse, des japanischen Volkes berufen, und gerade aufgrund dieser spezifisch japanischen Erfahrungen sei es möglich, die japanische Geschichte zu verstehen und den der japanischen Geschichte innewohnenden japanischen Geist, kurz die japanische Rechtsvernunft, zu erkennen. Saeki und Kobayashi diskutierten einige weitere Positionen zur japanischen Rechtsvernunft aus ver-

---

22 Taihō-Ära: 701–704; Yōrō-Ära: 717–724.

23 Meiji-Ära: 1868–1912.

schiedenen Perspektiven, gelangten jedoch zu dem Schluss, dass diese „im Großen und Ganzen nicht mehr [sind] als hochtönende Worte und letztendlich ein klägliches Ergebnis" präsentierten[24].

Dass der imperialistische Invasionskrieg während der 15 Jahre nach dem „Mandschurei-Zwischenfall" mit der Niederlage des japanischen Imperialismus endete und damit das Rechtssystem, das diesen vor und während des Krieges gestützt hatte, in sich zusammenstürzte, ist eine historische Tatsache. Was genau in diesem Zusammenhang mit einem „kläglichen Ergebnis" gemeint ist, lässt sich nur durch eine genaue Untersuchung der Art und Weise aufzeigen, in der Saeki und Kobayashi in die Bewegung für japanische Rechtsvernunft involviert waren. Hierbei ist es jedoch notwendig, nicht nur auf die Inhalte und das Ende der japanischen Rechtsvernunft, sondern auch auf die rechtstheoretischen Grundlagen der japanischen Rechtsvernunft einzugehen. Im Falle der Strafrechtslehre Onos beispielsweise wäre die Frage zu klären, welche theoretischen Überlegungen ihn dazu bewegten, sich nach dem Takigawa-Zwischenfall der japanischen Rechtsvernunft zuzuwenden. Onos Strafrechtslehre wandelte sich von einer auf dem Neukantianismus basierenden systemkritischen Lehre zu einer dem System freundlich gesinnten Lehre, die der japanischen Rechtsvernunft entsprach. Insbesondere muss hier danach gefragt werden, welche Überlegungen ihn an diesen Punkt gebracht hatten, und von welcher Art Rechtsdenken er dabei beeinflusst wurde. Aus der Fülle von Schriften, die Ono hinterlassen hat, Hinweise hierauf zu finden, ist nicht einfach. An dieser Stelle genügt zunächst ein Blick auf seine zwischen 1938 und 1939 veröffentlichte Schrift *Hōgaku hyōron* (Juristische Besprechungen).

3.2. Ein Meilenstein für die japanische Rechtsvernunft

Die Schrift *Hōgaku hyōron* besteht aus zwei Bänden und enthält Rezensionen, Aufzeichnungen, Quellenkritiken sowie Kommentare zu Präzedenzfällen, welche Ono zu verschiedenen Anlässen verfasst hatte. Der erste Band (1938) befasst sich mit dem Strafrecht sowie dem Strafprozessrecht, der zweite Band (1939) behandelt Rechtsphilosophie, Geschichte des Rechtsdenkens sowie kriminologische Themen. Da die in diesen beiden Bänden zusammengestellten Texte in dem Zeitraum ab etwa 1925 bis kurz vor der Publizierung 1938 verfasst wurden, wird mit ihrer Hilfe ein Einblick in den Wandel des Strafrechtsdenkens Onos während dieser Zeit ermöglicht. Im jeweiligen Vorwort stellt Ono zusammenfassend seine bisherige Forschungshaltung bezüglich des Strafrechts und des Strafprozessrechts sowie die Bedeutung der Errichtung einer als notwendig

24 *Saeki / Kobayashi* (Fn. 18), S. 289 ff.

erachteten eigenständigen japanischen Rechtsphilosophie dar. Dort finden sich beispielsweise die Worte „ein geltendes Recht als historische und geistige Wirklichkeit", „ein geltendes Recht, das als Norm den moralischen Geist unseres Volkes offenbart, unsere Kultur schützt und diese sich weiter entfalten lässt", außerdem „ein konkretes geistiges Recht, das in den Wurzeln der japanischen Verfassung und des japanischen Strafrechts liegt", oder „das staatliche und völkische menschliche Leben sowie die Natur der Kultur". Darüber hinaus schreibt Ono:

> „Gerade jetzt kommt unserem Volk, das seit alters her die östlichen Kulturen in sich vereint und sich die moderne westliche Kultur auf kluge Art und Weise angeeignet hat, die Pflicht zu, eine neue fernöstliche Kultursphäre zu errichten. Es ist der aufrichtige Wunsch des Verfassers, aus der Warte der Rechtswissenschaft einen kleinen Beitrag zu diesem welthistorischen Prozess leisten zu können."

Weiterhin heißt es, um als Ethik des japanischen Staates sowie als Staatsrecht funktionieren zu können,

> „kann die Rechtswissenschaft nicht allein aus den modernen westlichen Lehren der Rechtsphilosophie lernen. Der Grund dafür liegt darin, dass konkrete Staaten und ihr Staatsrecht stets historisch gewachsen sind, durch das Volk bestimmt werden, und zugleich eine kulturelle und geistige Bedeutung besitzen. Es ist unsere Aufgabe, herauszufinden, wo der historische Ursprung hierfür liegt",

und weiter, „Wir müssen uns die Entwicklung des Staates sowie des Rechtsdenkens innerhalb unserer japanischen Kultur- und Geistesgeschichte betrachten und dessen geistige Tradition zu Tage bringen"; auf diese Weise beschreibt Ono seine Forschungsmethode sowie das Ziel, das er letztlich damit zu erreichen gedachte. Zweifelsohne setzte er hiermit einen Meilenstein für die Hinwendung zur japanischen Rechtsvernunft.

Nicht alle in *Hōgaku hyōron* enthaltenen Abhandlungen allerdings laufen auf eine Hinwendung zur japanischen Rechtsvernunft heraus. Es finden sich ebenso Darstellungen, in denen Ono Kritik an der Vorgehensweise übt, die gegenwärtigen Verhältnisse aus der Welt der Werte und Ideen zu beurteilen. In *Keihō kakuron no taishō oyobi hōhō ni tsuite* („Über Gegenstand und Methode strafrechtlicher Betrachtungen") (1925; im Titel zeigt sich in der Formulierung „Gegenstand und Methode" bereits eine kritische Haltung) heißt es beispielsweise: „Der Gegenstand der Erkenntnis in einer eigenständigen Rechtswissenschaft liegt nicht im Recht als erfahrene Wirklichkeit, also nicht im seienden Recht sondern im sein-sollenden Recht", und weiter:

> „Letztlich ist es der Logik nach ein unverzeihbarer Irrtum, Empirisches und Ideelles miteinander zu vermischen und dessen Erkenntnisgegenstand auf derselben Ebene zu vermuten. [...] erfahrbare Rechtsphänomene dienen allesamt – dem positiven

> Recht des Staates zum Trotze – lediglich als Anlass zur Entwicklung einer normativen Logik".[25]

Ono lag dabei an einer kritischen Bestimmung der rechtmäßigen Bedeutung des geltenden Strafrechts aus der Warte der Werte und Ideen; konkret erkannte er die im geltenden Strafrecht herrschende Dreiteilung der Rechtsgüter[26] in ihrem Grundsatz an, bestand jedoch darauf, dass Hausfriedensbruch sowie Geheimnisverrat in die „die Interessen des Einzelnen schützenden Strafgesetze" aufzunehmen seien. In *Das Strafrechtssystem der Nationalsozialisten* (1934), einer Buchkritik zu Karl Siegerts *Grundzügen des Strafrechts im neuen Staate* (1934), verteidigt Ono entgegen der Position des nationalsozialistischen Strafrechts, nach der das nationalsozialistische Weltbild als Ausgangspunkt für die theoretische Entwicklung eines Strafrechts galt, den Wert einer liberalen Rechtsauffassung, wie sie auch dem Allgemeinen Teil des deutschen Strafgesetzbuchs zugrunde lag[27]. Zwar sei es zu begrüßen, dass der Nationalsozialismus „dem Volk und seiner Kultur" dienen wolle, jedoch, so bemerkt Ono kritisch, müsse man davon ausgehen, dass „die unter dem Liberalismus entstandenen Begriffe der Allgemeinen Bestimmungen des Strafrechts als Rechtskultur einen beträchtlichen Wert besitzen". Dass Ono auf diese Weise das Rechtsgütersystem im japanischen Strafrecht nicht als absolut betrachtete und nicht mit den theoretischen Tendenzen des NS-Strafrechts übereinstimmte, rührte davon her, dass er die Situation des Strafrechts in Japan und Deutschland auf der Grundlage von Werten und Ideen, die er sich während seiner Beschäftigung mit der modernen westlichen Kultur angeeignet hatte, von einem objektiven Standpunkt aus auffasste und sich frei dazu äußern konnte, und ferner, dass es ihm geglückt war, seine während seines Studiums der modernen westlichen Rechtsphilosophie erworbene „kulturalistische Gerechtigkeitsanschauung" zum theoretischen Ausgangspunkt seiner Strafrechtslehre zu machen. Die Überreste dieses Denkens mussten sich jedoch unweigerlich der Realität stellen, und so begann Ono die Betrachtungsweise des Neukantianismus selbst zu kritisieren, der bisher als Rahmen für sein eigenes Denken gedient hatte.

---

25 Seiichirō Ono, Keihō kakuron no taishō oyobi hōhō ni tsuite [Zu Gegenstand und Methode der besonderen Strafrechtslehre], in: Ders., Hōgaku hyōron. Jō [Juristische Besprechungen Bd. 1] (1938) S. 110 ff.

26 Gemeint ist die Einteilung in Individualrechtsgüter, gesellschaftliche Rechtsgüter und staatliche Rechtsgüter.

27 Seiichirō Ono, Nachisu hōgaku no 1-taikei [Das nationalsozialistische Strafrechtssystem], in: Ders., Hōgaku hyōron, jō [Juristische Besprechungen Bd. 1] (1938) S. 97.

3.3. Von Kant zu Hegel

Der Beginn des Wandels in Onos systemkritischer, im Neukantianismus fußenden Position findet sich im Bereich der Rechtsphilosophie. Dies lässt sich anhand der Lektüre seines Aufsatzes *'Hōrigaku' to iu go ni tsuite* (Über den Begriff 'Rechtsphilosophie')[28] (1937) feststellen[29]. Die Bedeutung der Rechtsphilosophie stellt Ono wie folgt dar. Nach dem Untergang des Deutschen Idealismus um die Mitte des 19. Jahrhunderts herum waren es der Naturalismus und die Evolutionstheorie, die die Welt des Denkens und der Philosophie beherrschten, und um sich dem entgegenzustellen trat der Neukantianismus in Erscheinung. Im Japan der Taishō-Zeit[30] sei die Rechtsphilosophie des Neukantianismus verbreitet worden, jedoch habe man bald laut nach einer „Überwindung des Neukantianismus" zu rufen begonnen, ohne sich je näher mit dessen Aufbau vertraut gemacht zu haben. Als ein für die neukantianische Rechtsphilosophie konstituierendes Element nennt Ono den „wissenschaftlichen Methodendiskurs", dessen Verdienst, Rechtswissenschaftler zu einer methodologischen Selbstprüfung gezwungen zu haben, zwar gewürdigt werden müsse, der aber als subjektiv, idealistisch und formallogisch zu bewerten sei. Für die Rechtsphilosophie sei ein „objektives und materielles Verständnis der tatsächlichen gesetzlichen Umstände an sich" vonnöten. Es handele sich dabei um die juristische Praxis, und die Rechtsphilosophie wiederum sei die Philosophie der juristischen Praxis. Die Praxis sei die Handlung eines Subjekts, etwas Kulturelles, das von Werten und Idealen geleitet werde. Demzufolge müsse die Rechtsphilosophie als praktische Philosophie eine Philosophie der Werte und der Kultur sein. Zwar habe die neukantianische Südwestdeutsche Schule eine Philosophie der Werte und der Kultur erschlossen, habe sich dabei jedoch in einer „abstrakten Erkenntnistheorie und Methodenlehre" erschöpft. Ono forderte daher eine „den konkreten historischen Tatsachen angemessene Theorie der juristischen Praxis". Diese müsse eine umfassende Einsicht in die Wahrhaftigkeit des menschlichen Lebens und der menschlichen Gesellschaft, welche materiell und zugleich geistig, notwendig und zugleich frei, wirklichkeitsbezogen und zugleich wertebasiert seien, ermöglichen. Dies sei als dialektischer Denkprozess angelegt, für den eine „Erleuchtung" notwendig sei, die sich aus den eigenen inneren Erfahrungen und der Intuition ergebe. Rechtsphilosophie sei eine Metaphysik der Kultur, welche

28 Der Begriff hōrigaku im Japanischen kann je nach Kontext mit „Rechtswissenschaft" oder aber mit „Rechtsphilosophie" übersetzt werden.

29 *Seiichirō Ono*, 'Hōrigaku' to iu go ni tsuite [Über den Begriff 'Hōrigaku' (etwa: Rechtsphilosophie)], in: Ders., Hōgaku hyōron, ge [Juristische Besprechungen Bd. 2] (1939) S. 12 ff.

30 Taishō-Ära: 1912–1926.

nach der tiefsten substantiellen Logik der juristischen Praxis als kultureller Handlung strebe.

Hätte Ono am Neukantianismus festgehalten, auf den er sich einst berufen hatte, wären für ihn sicher nicht die „gesetzlichen Umstände an sich" von Interesse gewesen, sondern vielmehr die Idee davon, wie die rechtlichen Verhältnisse zu sein hätten, und ferner wäre es nicht die „juristische Praxis im Spiegel der konkreteren historischen Umstände" gewesen, die einer kritischen Theoretisierung unterzogen worden wäre, sondern die Idee der juristischen Praxis in einer „kulturellen Gemeinschaft". Wenn nun die „gesetzlichen Umstände an sich" oder die „juristische Praxis im Spiegel der konkreteren historischen Umstände" zu den „gesetzlichen Verhältnissen eines Polizeistaats aus dem 18. Jahrhundert" und dessen Praktiken zurückzukehren schienen, hätte er die rechtlichen Umstände und Praktiken sicher scharf kritisiert, welche für ihn „die absolute Herrschaft der politischen Macht des Finanzkapitalismus und Imperialismus" bedeuteten. Anhand von Onos Ausführungen wird deutlich, dass er die Methodenlehre des Neukantianismus, welche die rechtlichen Verhältnisse und deren Praktiken aus der Welt der Werte und Ideen kritisch betrachtet, als veraltet abgetan hatte. Das bedeutet jedoch nicht, dass Werte und Ideen für die Rechtsphilosophie und die juristische Praxis bedeutungslos geworden wären. Bedeutungslos geworden waren die Werte und Ideen des Subjektivismus, nicht die des Objektivismus. Die Kant'schen subjektiven und apriorischen Ideen wurden gegen Hegels objektive und realistische Ideen ausgetauscht[31] Ono maß den hegelianischen objektiven Werten und Ideen großen Wert bei. Als theoretischer Ausgangspunkt diente ihm dabei die hegelianische Philosophie Julius Binders. Binder begann mit seiner Forschung ausgehend von der Stammler'schen Kritik und wurde darüber hinaus von Rickert und Lask beeinflusst, welche der neukantianischen Südwestdeutschen Schule angehörten. Bald darauf aber wandte er sich Hegel zu und wurde so zu einem Vorreiter der Renaissance Hegels in der Rechtsphilosophie. Davon ausgehend entwickelte Ono seine eigene Rechtsphilosophie, und so stellte Binders Position den Ausgangspunkt für Onos Suche nach einer Rechtsphilosophie jenseits des Neukantianismus dar[32].

---

31 *Seiichirō Ono*, Hōrigakuteki fuhen shugi [Rechtsphilosophischer Universalismus], in: Ders., Hōgaku hyōron, ge [Juristische Besprechungen Bd. 2] (1939) S. 42.

32 *Seiichirō Ono*, Hōgeru shugi-teki hōritsu tetsugaku – Binder, Grundlegung zur Rechtsphilosophie [Hegelianische Rechtsphilosophie – Binder, Grundlegung zur Rechtsphilosophie], in: Ders., Hōgaku hyōron, ge [Juristische Besprechungen Bd. 2] (1939) S. 61. Zum Wandel des Rechtsdenkens Binders vom Neukantianismus zum Neuhegelianismus vgl. die Darstellung bei Hiroshi Suekawa und Kazuo Amano, Hōgaku to kenpō [Rechtswissenschaft und Verfassung] (1966) S. 180. Eine tiefergehende Analyse findet sich bei *Ken Takeshita*, Hō shisō ni okeru zentai shugi e no michi – Yuriusu Bindō no kiseki [Der

Ono zufolge war es Stammler gelungen, die dualistische Betrachtungsweise von Tatsache und Wert, von Sein und Sollen in der Welt des Rechts zu vervollständigen, die in der Kant'schen Philosophie nicht näher bestimmt worden war. Binder sei der Auffassung gewesen, dass die Aufgabe der Rechtsphilosophie nicht in einer wertrelationalen Kritik des erfahrbaren Rechts oder einer subjektiven Konstruktion dieses Begriffs bestehe, sondern vielmehr in der Erforschung der Art und Weise, auf die dieses erfahrbare Recht verstanden werden müsse. Mit Verständnis des erfahrbaren Rechts ist die Gewinnung der Idee von einem „Gesetz, welches durch den subjektiven Geist der Menschen als des in der Wirklichkeit lebenden objektiven Geistes wahrgenommen und anerkannt wird, welches die Menschen beherrscht und ihnen Pflichten auferlegt und so durch sein Studium begriffen werden kann", gemeint; bei dieser Rechtsidee handelt es sich jedoch nicht um eine apriorische Idee, die das existierende Recht transzendiert, sondern um eine sich in dem existierenden Recht an sich manifestierenden Idee, welche in der Hegel'schen Philosophie die „konkrete Allgemeinheit" genannt wird. Der Neukantianismus unterscheidet zwischen dem Realen und dem Vernünftigen und bemüht sich um eine kritische Erkenntnis der Wirklichkeit aus dem Blickwinkel der Vernunft, und auch die neukantianische Rechtsphilosophie (sowie auch die Strafrechtswissenschaft) unterzieht das geltende Recht bei seiner Auslegung und Anwendung einer kritischen Beurteilung auf der Grundlage von Ideen der Gerechtigkeit und der Kultur. Der Neuhegelianismus hingegen ließ den philosophischen Kern der Aussage Hegels „Was vernünftig ist, das ist wirklich; und was wirklich ist, das ist vernünftig" wieder aufleben, und auch die Rechtsphilosophie vertrat die Ansicht, dass man sich das Erfassen von Rechtsideen der Gerechtigkeit und Kultur, deren Verkörperung das in der Wirklichkeit existierende Recht darstelle, zur Aufgabe machen müsse. Hierbei handelt es sich

---

Weg zum Totalitarismus im Rechtsdenken. Das Erbe Julius Binders], in: Nachisu Kenkyō Han [Forschungsabteilung Nationalsozialismus], *Nachisu hō no shisō to genjitsu* [Rechtsdenken im Nationalsozialismus und dessen Wirklichkeit], Kansai Daigaku hōgaku kenkyō sōsho [Buchreihe Rechtswissenschaft der Kansai-Universität] Bd. 3 (1989) S. 3 ff. Takeshita nennt drei gedankliche Ausgangspunkte für Binders Abkehr vom Neukantianismus und dessen Hinwendung zum Neuhegelianismus. (1) Die Idee des Rechts dient nicht nur der Beurteilung des tatsächlichen Zustandes des Rechts, sondern ebenso der Konstruktion desselben. Daraus folgt, dass je rechtmäßiger die Idee des Rechts, desto leichter können Menschen dadurch in diese so konstruierte Wirklichkeit hineingetrieben werden. (2) Moral entsteht durch Selbstbestimmung, Recht aber kann nur durch fremdbestimmtes Handeln, also durch staatlichen Zwang entstehen. Daraus folgt, dass hierbei die tragende Kraft nicht etwa wie in der Kant'schen Schule im Subjekt des „Individuums", sondern stattdessen in der „Gesamtheit" der Nation zu finden ist. (3) Rechtsnormen sind lediglich an Richter als Vollzugsbeamte adressiert. Daraus folgt, dass der Rechtsbegriff vom Individuum abgetrennt gedacht wird. Im Zusammenhang mit Seiichirō Onos Rechtsdenken ist vor allem Punkt (1) von Bedeutung.

nicht um eine kritische Rechtswissenschaft, sondern um eine auf der Methode der Dialektik aufgebauten Rechtswissenschaft, die nicht von der Kant'schen individualistischen Moral ausgeht, sondern von einer universalistischen Moral im Sinne Hegels. Ono maß den Ausführungen Binders große Bedeutung bei und begann selbst, einen „rechtswissenschaftlichen Universalismus" zu vertreten.

3.4. Der Universalismus in der Rechtswissenschaft

Der Begriff „Universalismus"[33] im rechtswissenschaftlichen Universalismus bezeichnet ein dem Individualismus entgegengestelltes Konzept. Der Individualismus betrachtet die Dinge einzeln und für sich, der Universalismus hingegen betrachtet die Dinge in ihrer allgemeinen Gestalt. Begreift man die Gesellschaft aus diesem Universalismus heraus, so ist sie keine bloße Ansammlung von Individuen, aus denen sie aufgebaut ist, sondern deren organische Gesamtheit, eine geistige und kulturelle Einheit. Individuum und Gesamtheit, Individuum und Allgemeinheit sind dabei einander nicht entgegengesetzt. Im Totalitarismus und Universalismus wird das Individuum und der Einzelne transzendiert, und gleichzeitig wird die Existenz des Einzelnen und des Individuums auf einer höheren Ebene sichergestellt. Die große Bedeutung von Staat und Volk für die gegenwärtige Lebensrealität ist Ono zufolge darin begründet, dass darunter, sei es auf wirtschaftlicher, politischer oder kultureller Ebene, komplizierte gesellschaftliche Kreuzwege existieren, die jeweils eigene Ideen und Regeln besitzen und miteinander in Konflikt stehen, zugleich aber sich vereinen und vereinheitlichen lassen. Betrachtet man von diesem Standpunkt aus „den gegenwärtigen Staat", so kann dieser als die Gesamtheit des historischen und kulturellen Lebens, vor allem als eine auf politischer und rechtlicher Ebene einheitliche Gemeinschaft, als ein alle Individuen subsumierender ganzheitlicher, lebendiger Organismus aufgefasst werden.

In diesem Staat stellt das Recht die Gesamtheit der normativen Ordnungen und Kontrollen innerhalb des gesellschaftlichen Lebens dar. Das Recht im Staatsleben ist Ausdruck des normativen und kontrollierenden Willens des objektiven Geistes selbst. Insoweit ist es sowohl ideell als auch real. Im Neukantianismus bleiben Ideen und Wirklichkeit, Werte und Dasein, Vorstellung und Existenz unvereint und auf ewig gegensätzlich; im Universalismus jedoch stellen sie in der Praxis des Alltagslebens und im Prozess der kulturellen Entwicklung jeweils zwei miteinander zu vereinende Momente dar. In der neukantianischen Rechtsphilosophie ist der existierende Staat weit entfernt von der Idee des Staates und das real bestehende Staatsrecht weit entfernt von der Rechtsidee des Staates. In

33 *Ono* (Fn. 31) S. 40 ff.

der universalistischen Rechtsphilosophie hingegen ist das Staatsrecht die reale Manifestation der Rechtsidee, und die Rechtsidee stellt die sich im Staatsrecht manifestierende konkrete Allgemeinheit dar. Weiterhin handelt es sich bei der Rechtsidee nach Kant nicht um eine durch die moralische Praxis des Einzelnen zu verwirklichende subjektive Vorstellung, sondern um eine objektive Idee, die im Staatsrecht manifestiert wird.

Auf der Grundlage des Staatsrechts sprach er sich für eine Begrenzung der Anwendung der Strafgewalt durch den Staat aus und verteidigte den nulla poena sine lege-Grundsatz. Der nulla poena sine lege-Grundsatz, welcher zu dieser Zeit unterdrückt wurde, weil Takigawa ihn vertreten hatte, entstammt dem Individualismus und Liberalismus des 19. Jahrhunderts. Klar und deutlich erklärt Ono, „Er hat nun kaum noch Kraft. Ich erkenne die grundsätzliche Bedeutsamkeit des nulla poena sine lege-Grundsatzes an und spreche mich ausdrücklich gegen seine Auflösung aus. Jedoch tue ich dies nicht wie Professor Takigawa von einem liberalistischen Standpunkt aus. Ich vertrete eine universalistische Position“[34].

Obwohl Ono hinsichtlich des Universalismus in seinen rechtswissenschaftlichen Arbeiten an vielen Stellen von der neuhegelianischen Rechtsphilosophie Julius Binders beeinflusst war, gewährte er ihm keine uneingeschränkte Unterstützung. Mit den Worten „Es scheint mir doch einige Schwachstellen zu geben, denn die Gegensätzlichkeiten und Widersprüche zwischen Subjektivismus und Objektivismus, Geist und Materie, Allgemeinheit und Eigenart, und besonders zwischen Gemeinschaft und Individuum sind nicht hinreichend begriffen worden“ zeigt Ono dagegen problematische Aspekte in Binders Rechtsphilosophie auf und fährt fort:

> „Solange eine dialektische Vereinigung nur gedacht vollzogen wird, kann sie die in der Wirklichkeit bestehenden starken Gegensätze und scharfen Widersprüche nicht überwinden. Ich möchte diese gedachte Vereinigung korrigieren und dabei die grenzenlose Irrationalität des Gegenstandes erfassen. Man muss erkennen, dass besonders in solchen Dingen wie dem Bewusstsein, der Gesinnung oder dem Ich, die von der Vernunft beherrscht werden, gleichzeitig auch etwas Irrationales ist.“

Hier bezieht Ono sich auf den Gedanken, dass in den Gegensätzen und Widersprüchen zwischen Gemeinschaft und Individuum Rationalität und Irrationalität dialektisch miteinander vereint sind, und dass das Bewusstsein des Individuums sowie das Ich sowohl von rationalen als auch von irrationalen Dingen beherrscht werden[35]. Zwar macht Ono nicht deutlich, was mit „Irrationalität des Gegenstandes“ gemeint ist, wohl aber scheint recht deutlich, dass das Irrationale als

---

34 *Ono* (Fn. 31) S. 59 ff.

35 *Ono* (Fn. 32) S. 70 ff.

reale Gegebenheit auch für die Rechtswissenschaft ein Hindernis und somit einen Gegenstand darstellt, dessen man sich annehmen muss. Als Ono unter Bezugnahme auf Binders Ausführungen über den rechtswissenschaftlichen Universalismus schrieb, war er sicherlich fest entschlossen, sich der Existenz des Irrationalen anzunehmen, welches die Idee des japanischen Staates und dessen Recht Wirklichkeit werden lassen sollte. Sehr wahrscheinlich ging es ihm dabei ausschließlich darum, eine Idee von Staat und Recht aus dem Irrationalen der japanischen Kultur herauszuziehen. Somit lässt sich sagen, dass Ono sich innerhalb seines rechtswissenschaftlichen Universalismus nun wortwörtlich mit der „Irrationalität" zu beschäftigen hatte.

4. Romantische Rechtswissenschaft

Dass mit „Irrationalität" auf das *Tennō-sei* (Tennō-System) Bezug genommen wird, für welches Noro sein Leben geben musste und das Sano und Nabeyama zur Abkehr von der Kommunistischen Bewegung veranlasste, lässt sich anhand dieser Darstellung nicht feststellen. In der Schrift *Gedankenverbrechen und Religion* (1937)[36], welche beschreibt, wie ein Gedankenverbrecher durch wiederholte Selbstreflexion zur „Umkehr" geführt werden könne, weist Ono darauf hin, dass Sano und Nabeyama in ihrer „Umkehr"-Erklärung nicht die „Umkehr" der Kommunisten „weg vom Kommunismus" verkündeten, sondern eine „Umkehr hin zum Japanischen", zum japanischen Volk und zum Bewusstsein einer ostasiatischen Kultur. Ono zufolge zeigt sich dies in dem folgenden Kommentar, welche der Oberstaatsanwalt des Bezirksgerichts Tōkyō, Chōgorō Miyagi, am 10. Juni 1933 abgegeben haben soll:

> „Sanos gedankliches Schwanken zeigte sich erstmals am zwölften Oktober des vergangenen Jahres, zu welcher Zeit er den Prediger Toyonaga um Bücher zum japanischen Staatswesen, zu buddhistischem Denken und dergleichen bat. Er las *Nihon shisōshi* (Geschichte des Denkens in Japan), danach am siebzehnten desselben Monats *Nihon bukkyōshi no kenkyō* (Studien zur Geschichte des Buddhismus in Japan), am fünfundzwanzigsten lieh er sich die *Daijōkishinron giki kōgi* (Abhandlungen über das Erwachen des Glaubens) und weitere Bücher, wobei er vor allem bezüglich des Daijōkishinron am zweiten des nächsten Monats zu Prediger Fujii sogar sagte, er sei, 'obwohl [er] nicht alles habe lesen können, über die Tiefsinnigkeit der Lehren erstaunt' gewesen. Daraufhin, am zwölften Januar diesen Jahres, teilte er Aufseher Ōtsubo seinen Sinneswandel mit, und am dreizehnten enthüllte er diesen auch gegenüber seiner Frau Teruko, die zu Besuch gekommen war. [...]"

36 *Seiichirō Ono*, Shisō-han to shōkyō [Gedankenverbrechen und Religion], in: *Ders.*, Hōgaku hyōron. Ge [Juristische Besprechungen Bd. 2] (1939) S. 395 ff.

Zwar beurteilt Ono diesen Sinneswandel Sanos als „Abkehr" im Sinne eines „Bruches mit den kommunistischen Theorien", dahinter sei aber ein „Bewusstsein völkischer Gesinnung" vorhanden gewesen, „und da er sich nicht mit einem bloßen Nationalismus zufrieden gegeben hätte, scheint er übergegangen zu sein zu einer Reflexion der kulturellen Traditionen Japans und dem Versuch, den Buddhismus zu verstehen". Über die Aufzeichnungen zur „Umkehr" eines in den Vorfall um die *Shakai kagaku kenkyōkai* (Forschungsgruppe Sozialwissenschaften)[37] verwickelten studentischen Mitglieds der Kommunistischen Partei schrieb Ono:

> „Auch nach seiner Verhaftung geriet seine theoretische Überzeugung nicht einfach ins Wanken, und wann immer ihm Zweifel kamen, dachte er an seine Genossen, die unter demselben Dach Qualen erlitten, und peitschte sein eigenes schwaches Herz", aber „nachdem das Urteil gefällt und er in das Gefängnis von Matsuyama geschickt worden war, vermochten die dortigen Verhältnisse, die Holzarchitektur (!) und die Güte des Aufsehers T. sein Herz zu erweichen. [...] Der redliche und eifrige Geistliche F. bemühte sich als sein persönlicher Prediger. Auf diese Weise hatte er, statt den Marxismus auf theoretischer Ebene zu überwinden, sich seinem religiösen Glauben hingegeben und sich so auf ganz natürliche Weise vom marxistischen Denken entfernt."[38]

Was für ein „religiöser Glaube" das studentische Parteimitglied zur „Umkehr" bewegt hatte, wird an dieser Stelle nicht deutlich, dafür aber, dass seine Abwendung vom Marxismus durch einen tiefen Sinneswandel hervorgerufen worden war.

Es scheint denkbar, dass nachdem die Revolutionsbewegung in die Krise gestürzt wurde und die Parteiorganisation vernichtende Schläge empfangen hatte, jene in Gefangenschaft, die sowohl geistig als auch physisch in die Enge getrieben wurden und sich mit Leib und Seele an kommunistische Lehren klammerten, der instinktive Wunsch nach einer Theorie ereilte, die als Ersatz dafür dienen konnte. Je fremder diese Theorie war, desto ansprechender muss sie ihnen erschienen sein, und selbst eine nicht auf logische Weise zu erklärende irrationale Theorie nahmen sie, an rationale Theorien gewöhnt, in tiefer Ergriffenheit bereitwillig auf. Sogar die traditionelle japanische Holzarchitektur, der sie bisher keinerlei Beachtung geschenkt hatten, erschien ihnen nun als etwas sehr Tiefsinniges. Daraus, dass Ono in den Aufzeichnungen des studentischen Parteimitglieds die Stelle, an der er von der „Holzarchitektur" spricht, mit (!) versehen hatte, lässt sich schließen, dass Ono selbst eine gewisse Wehmütigkeit bei der Betrachtung von alltäglichen Anblicken, die bisher noch nicht Gegenstand seines Denkens gewesen waren, zu empfinden begann. Der Literaturkritiker Yojūrō Yasuda verfasste im Jahr 1937 sein Buch *Nihon no hashi*

---

37 Dieser Vorfall stellt den ersten in einer Reihe von Ereignissen im Zuge des Kyōto gakuren jiken (Kyōto-Arbeitskreis-Zwischenfall) dar. Zwischen Dezember 1925 und Mai 1930 wurden dabei Arbeitskreise mehrerer Universitäten Kyōtos, die sich mit kommunistischen Lehren befassten, systematisch verfolgt.

38 *Ono* (Fn. 36) S. 397.

(Japanische Brücken). Selbst in einer Inschrift auf den Brückenstützen, die den Fluss Shōjingawa am Atsuta-Schrein in Owari überspannen, war Yasuda zufolge die tief trauernde Seele einer Mutter eingeritzt, die ihr Kind verloren hatte, die wahrhaftige Stimme einer japanischen Frau, die in Reinheit und Aufrichtigkeit ihres Kindes gedenkt, deren ewige Liebe Zeit und Raum überwindet und die Herzen der Menschen bewegt, und jeden, der darin Schönheit erkennt, sogleich Tränen vergießen lässt; hierin bestand Yasudas Bild von den „japanischen Brücken". Man möge dies als Metaphysik oder als Überinterpretation verspotten, jedoch, so Ono, sei gerade in den alltäglichen Szenerien und Landschaften Japans, gerade in den vom einfachen Volk errichteten schlichten Gebäuden die alte Tradition Japans, in der Wehmütigkeit beim Anblick kleiner, ärmlicher Dinge, etwas Romantisches zu spüren[39]. Vermutlich löste dies jene Selbstreflexion aus, die Ono zur „Umkehr" und zur Hinwendung zur japanischen Rechtsvernunft bewegte, deren theoretische Grundlage der Neuhegelianismus bildete. Offenbar hatte Ono die Schönheit der in der Farbe der Romantik brennenden „blauen Flamme einer dunklen Leidenschaft" im japanischen Recht entdeckt.

5. Schlussbemerkung

Zu Beginn des Entstehungsprozesses seiner Strafrechtslehre auf der Grundlage buddhistischer Lehren und der neukantianischen Wertphilosophie proklamierte Ono die Idee eines Strafrechts basierend auf einer „kulturalistischen Gerechtigkeitsanschauung" sowie einer „kulturellen Gemeinschaft". Aus dieser Perspektive heraus vertrat er eine Strafrechtslehre, die die Realität des zu jener Zeit existierenden Staates und dessen Strafrecht auf kritische Weise betrachtete und formulierte dabei Tatbestände,

39 *Yojōrō Yasuda*, Shinpan, Nihon no hashi [Neuauflage: Japanische Brücken] (2001) S. 65 ff. Für eine detaillierte Erörterung der Bedeutung dieser Schrift vgl. *Ryōzō Yoshimi*, Sora ni mo kakan – Yasuda Yojōrō no shōgai [Lasst uns auf den Himmel schreiben. Das Leben Yojōrō Yasudas] (1998) S. 153 ff. Eine Beschäftigung mit der „Kindlichkeit", die sich in Yasudas Nihon no hashi finden lässt, findet sich bei *Toshio Kimura*, Sakka ronshō. Kuina no tabi – Solschenizyn. Yasuda Yojōrō. Shimao Toshio. Hoka [Autorenbesprechungen. Die Reise der Wasserralle. Solschenizyn, Yojōrō Yasuda, Toshio Shimao und andere] (1994) S. 138 ff. Sōkichi Tsuda weist in Nihon seishin ni tsuite [Über den japanischen Geist], in: Shisō [Denken] Nr. 5 (1934) S. 6 ff., auf eine Besonderheit der in der japanischen Romantik ersichtlich werdenden Denkweise hin: Demnach griff man sich beliebig Ereignisse aus vergangenen Epochen der japanischen Geschichte heraus und versuchte ohne Bezug zur Gesamtheit der Lebenswirklichkeit des Volkes und dessen Geschichte, darin den japanischen Geist zu erkennen. Hiermit erfasste man aber nicht etwa den japanischen Geist, so wie er war, sondern ersann sich ein ästhetisiertes Idealbild, welches man in der weit entfernten Vergangenheit wiederzuerkennen glaubte, und erklärte, dass die Geschichte des japanischen Volkes von diesem Geist durchdrungen sei. Auch Onos Position zum „eigentümlichen Recht" hinsichtlich der japanischen Rechtsvernunft kann als von dieser Denkweise beeinflusst interpretiert werden.

die dem Schutz der Freiheit der Individuen und der beherrschten Klassen dienen sollten. Unter dem starken Einfluss Julius Binders, der sich zugunsten des Neuhegelianismus vom Neukantianismus abgewandt hatte, wechselte auch Ono zum Neuhegelianismus über und wandte sich dem rechtswissenschaftlichen Universalismus sowie daraufhin der japanischen Rechtsvernunft zu. So das vorläufige Fazit dieses Aufsatzes; dem Verfasser ist jedoch bewusst, dass noch einige Fragen bezüglich des Denkmusters der wiederholten Selbstreflexion im Zuge des Entwicklungsprozesses der Strafrechtslehre Onos offen bleiben. Im japanischen Denken der 1930er Jahre kam die bedeutende Frage danach auf, wie man sich gegenüber dem Hegelianismus zu positionieren hatte. In Abhängigkeit von dieser Haltung entschieden sich somit auch die darauffolgenden gedanklichen Schritte, und in Zeiten der eingeschränkten Meinungsfreiheit und der Kriegsvorbereitung waren die Verhältnisse zu kompliziert, als dass man allein durch die Lektüre deutscher philosophischer Schriften tiefere Einsicht in den Lauf der Zeit hätte erhalten können. Sicherlich war von „Entscheidungen" und „Entwürfen" die Rede. Das Muster allerdings, mit dem diese Selbstreflexion vonstattenging, lässt sich noch nicht im Einzelnen erkennen. Ein Erklärungsansatz wäre, dass Onos Sehnsucht nach dem Japanischen von seinem fanatischen Glauben an den Buddhismus vorbereitet wurde, was sicher vorstellbar wäre. Ebenso könnte man sagen, dass, da der Begriff der „Kultur" in der Kulturphilosophie des Neukantianismus vieldeutig ist und die irrationale „Kultur" sich auch unter die ihr entgegensetzte rationale „Zivilisation" subsumieren ließ, man blind wurde gegenüber der existierenden irrationalen Kultur (d. i. das Tennō-System und dessen Ideologie) und so die Grenze zwischen Realität und Ideenwelt verschwand; diese Erklärung aber würde vom Ergebnis auf die Ursache schließen. Auf diese Fragen ist künftig noch in weiteren Betrachtungen einzugehen[40].

40 *Bunzō Hashikawa* macht in Nihon roman-ha hihan josetsu [Einführung in die Kritik der japanischen Romantik] (1998) S. 202 ff. darauf aufmerksam, dass die „Umkehr" der Kommunisten durch den Hebel der Rückkehr zu einer „unmittelbaren Empfindung" von Familie = Heimat = Staat vollzogen wurde, und dass diese „unmittelbare Empfindung" letztendlich zu Nicht-Denken = Nicht-Logik führen müsste; dabei handele es sich bei dem einen Extrem um eine Rückkehr zur mythischen Natur, bei dem anderen um eine Rückkehr zur Natur der eigenen Generation (welche direkt nach dem Krieg in den 30ern waren). „Unmittelbare Empfindung" bedeute, die Wirklichkeit zu spüren und am eigenen Leib zu erfahren, nicht über sie nachzudenken. Nicht Logik, sondern Gemüt und Gefühl trügen hierzu bei. Die Wirklichkeit sei daher nicht mehr Gegenstand der Revolution, sondern Gegenstand von Entwurf und Rezeption. Dieses Denken der „Empfindung" und dessen Logik scheint von derselben Art zu sein wie das Denken und die Logik der „japanischen Rechtsvernunft".

Rechtslogik der Rückwirkung nachträglich verschärfter Strafgesetze

1. Vorwort

Im Anschluss an den Brand des deutschen Reichstags am 27. Februar 1933 wurden insgesamt fünf Personen wegen Verdachts auf Brandstiftung verhaftet. Bald darauf hat das Reichsgericht den Angeklagten und vermeintlich unmittelbaren Täter Marinus van der Lubbe zum Tode verurteilt – was insofern bemerkenswert war und ist, als § 307 des damaligen deutschen StGB für Brandstiftung als Höchststrafe lediglich lebenslanges Zuchthaus vorsah. Die Entscheidung für die Todesstrafe hat das Reichsgericht mit zwei Gesetzen begründet[1]: die Verordnung des Reichspräsidenten zum Schutz von Volk und Staat vom 28. Februar 1933 (die sogenannte Reichstagsbrandverordnung)[2] und das Gesetz über Verhängung und Vollzug der Todesstrafe vom 29. März 1933 (die sogenannte lex van der Lubbe)[3]. Die Reichstagsbrandverordnung hat das lebenslange Zuchthaus für Brandstiftung in Todesstrafe abgeändert, und die lex van der Lubbe hat ihr rückwirkende Geltung verliehen. Erst durch das Zusammenspiel beider Vorschriften wurde es ermöglicht, van der Lubbe zum Tode zu verurteilen. Hierin lag ein klarer Verstoß gegen den Grundsatz nulla poena sine lege – insbesondere das Rückwirkungsverbot – und damit gegen den wesentlichen Grundsatz modernen Strafrechts schlechthin. Hierin wurde und wird in der deutschen Strafrechtsgeschichte eine entscheidende Weiche für die Verwandlung des Rechtsstaats der Weimarer Republik hin zum Unrechtsstaat der NS-Diktatur gesehen[4].

---

1 Vgl. *Friedrich Karl Kaul*, Geschichte des Reichsgerichts, Bd. IV, 1933–1945, 1971, S. 341 ff. über das Urteil des Reichsgerichts im Reichstagsbrandprozess.

2 Verordnung des Reichspräsidenten zum Schutz von Volk und Staat. Vom 28. Februar 1933, RGBl.I, 83.

3 Gesetz über Verhängung und Vollzug der Todesstrafe. Vom 29. März 1933, RGBl.I, 151.

4 Vgl. *Eberhard Schmidt*, Einführung in die Geschichte der deutschen Strafrechtspflege, 1. Aufl., 1947, S. 402 ff.; *Volker Krey*, Keine Strafe ohne Gesetz – Einführung in die Dogmengeschichte des Satzes „nullum crimen, nulla poena sine lege", 1983, S. 27 ff.; Hinrich Rüping, Grundriss der Strafrechtsgeschichte, 2. völlig überarbeitete Aufl., 1991, S. 97 ff.; *Gerhard Dannecker*, Das intertemporale Strafrecht, 1993, S. 157. Dazu kritisch *Wolfgang Naucke*, Die Missachtung des strafrechtlichen Rückwirkungsverbots 1933–1945 – Zum Problem der Bewertung strafrechtlicher Entwicklung als „unhaltbar", in: Horn u.a. (Hrsg.), Festschrift für Helmuth Coing, Bd. I, 1982, S. 239.

https://doi.org/10.1515/9783110684315-008

Die Frage aber, ob und inwiefern man dem nachträglich verschärften Strafgesetz Rückwirkungskraft verleihen kann, stellte sich nicht erstmals im oben erwähnten Reichstagsbrandprozess. Wie Manfred Seebode, dem diese kleine Abhandlung gewidmet ist, schon zutreffend aufgezeigt hat[5], wurde eine heftige Auseinandersetzung darüber in der Weimarer Republik geführt. In der Weimarer Nationalversammlung wurde ein Verfassungstext zum Grundsatz nulla poena sine lege vorgeschlagen, der von der alten Fassung von § 2 Abs. 1 StGB verschieden war. In der Beratung über den Verfassungsentwurf war es nicht der konkrete Streitpunkt, ob der Strafrichter die Strafe rückwirkend anwenden kann, die der Gesetzgeber nachträglich verschärft hat. Daher kam die Auseinandersetzung in der Weimarer Republik keine praktische Bedeutung zu. Erst nach ihrem Ende, im Streit um die Bestrafung der Reichsbrandstiftung, hat man erkannt, wie notwendig und wichtig die Auseinandersetzung über den normativ-praktischen Sinn und den Anwendungsbereich des Art. 116 WRV war.

Wie aber sah der normativ-praktische Sinn und der Anwendungsbereich des Art. 116 WRV in der Weimarer Republik aus? Ziel der folgenden Untersuchung ist es, durch Analyse der damals geführten Auseinandersetzungen zum besseren Verständnis der theoretischen Grundlagen des Grundsatzes nulla poena sine lege in der Weimarer Reichsverfassung beizutragen. Diese Analyse soll die Rechtslogik der rückwirkenden Anwendung des Todesstrafgesetzes im Reichstagbrandprozess aufklären. Hierdurch soll ein Beitrag dazu geleistet werden, die geschichtliche Herkunft jenes unrechtlichen und illiberalen strafrechtlichen Gedankenguts zu klären, welches sich in der NS-Diktatur praktisch ausgewirkt und rechtsstaatliche und liberale Strafrechtsprinzipien erstickt und zerbrochen hat[6].

2. *Diskontinuierlicher Anfang*

Ausgelöst vom Kieler Matrosenaufstand vom 4. November 1918 kam es in ganz Deutschland zu Volksunruhen, in deren Folge der deutsche Kaiser Wilhelm II. abdankte und in die Niederlande emigrierte. Zu diesem Zeitpunkt war die

---

5 *Manfred Seebode*, Zur Rückwirkung der Strafgesetze – Das Rechtsgutachten zum Reichstagsbrandprozess, in: Norbert Brieskorn, Paul Mikat, Daniela Müller und Dietmar Willoweit (Hrsg.), Vom mittelalterlichen Recht zur neuzeitlichen Rechtswissenschaft, Bedingungen, Wege und Probleme der europäischen Rechtsgeschichte, 1994, S. 425 ff., *Volker Epping*, Die lex van der Lubbe – Zugleich ein Beitrag zur Bedeutung des Grundsatzes „nullum crimen, nulla poena sine lege", in: Der Staat 2/1995, S. 243 ff., *Christoph Gusy*, Die Weimarer Reichsverfassung, 1997, S. 296, *Hans-Heinrich Jescheck / Thomas Weigend*, Lehrbuch des Strafrechts, Allgemeiner Teil, 5. Aufl., 1996, S. 118.

6 Über die Kontinuität der Strafrechtsgeschichte vor und nach dem nationalsozialistischen Zeit vgl. *Wolfgang Naucke*, NS-Strafrecht – Perversion oder Anwendungsfall moderner Kriminalpolitik?, in: Rechtshistorisches Journal 11, 1992, S. 283.

Bismarck'sche Verfassung, welche die rechtliche Grundlage für das alte System in Deutschland war, schon ungültig. Am 9. November 1918 wurde von der Sozialdemokratischen Partei Deutschlands die Republik ausgerufen und am nächsten Tag der Rat der Volksbeauftragten einberufen, um eine neue Verfassung zu erlassen. Dieser Rat der Volksbeauftragten hat wiederum jenen Unterausschuss gewählt, welcher mit dem Entwurf einer neuen Verfassung beauftragt wurde. Zentralfigur dieses Ausschusses war der Jurist Hugo Preuss[7].

Am 3. Januar 1919 hat Preuss einen ersten Verfassungsentwurf eingebracht, der auf einem von ihm bereits 1917 abgefassten „Privatvorschlag" basierte. Er befasste sich mit Grundrechten jedoch nur in drei Klauseln; die begrifflichen Konturen der Grundrechte wurden darin nur angedeutet. Eine klare Aussage zum Grundsatz nulla poena sine lege, der immerhin seit 1871 in § 2 Abs. 1 StGB verankert war, gab es darin nicht[8]. Infolgedessen wurde in der Weimarer Republik der Grundsatz nulla poena sine lege als Rechtskern für menschliche Grundrechte im ersten Verfassungsentwurf nur ungenügend festgehalten. In diesem Umstand mag man eine Konsequenz sehen, welche die Abgeordneten aus den Erfahrungen mit der deutschen Märzrevolution von 1848 zogen[9]. Nach dieser Märzrevolution hatte die Frankfurter Nationalversammlung entschieden, die erste Abfassungsarbeit für einen Verfassungsentwurf mit der Formulierung von Grundrechtsklauseln zu beginnen. Weil die Nationalversammlung sich für deren Beratung ein halbes Jahr Zeit ließ, wurde an ihr scharfe Kritik geübt: Die Abgeordneten hätten wichtige Zeit, die besser für die Vereinigung und Erhaltung des neuen Staats und seiner Gesellschaft aufgewandt worden wäre, für langwieriges „Geschwätz" verschwendet[10].

Diesem Vorwurf wollten sich die Väter der Weimarer Reichsverfassung offensichtlich nicht aussetzen: Denn auch nach der Emigration des deutschen Kaisers in die Niederlande und der Ausrufung der Republik im Anschluss an die Novemberrevolution kam es nicht zu einem Ende der Volksunruhen. Angesichts dieser politisch schwankenden und unsicheren sozialen Verhältnisse, denen sich Preuss und sein Ausschuss in der nachrevolutionären Gesellschaft gegenüber

---

7 *Ernst Rudolf Huber*, Deutsche Verfassungsgeschichte seit 1789, Bd. 5, Weltkrieg, Revolution und Reichserneuerung 1914–1919, 1. Aufl. 1978, S. 1178 ff.

8 *Walter Jellinek*, Revolution une Reichsverfassung – Bericht über die Zeit vom 9. November 1918 bis 31. Dezember 1919, in: Jahrbuch des oeffentlichen Rechts der Gegenwart, Bd. I, 1920, S. 46; *Günter Kohlmann*, Der Begriff des Staatsgeheimnisses (§ 93 StGB und § 99 Abs. 1 StGB a.F.) und das verfassungsrechtliche Gebot der Bestimmtheit von Strafvorschriften (Art. 103 Abs. 2 GG), 1969, S. 200.

9 *Huber*, a.a.O., S. 1179.

10 *Huber*, a.a.O., S. 1179.

sahen, meinten sie für langwierige Beratungen über einen Verfassungsentwurf nach dem Vorbild der Paulskirchenversammlung keine Zeit zur Verfügung zu haben. Daher entschied man sich dafür, nur jene schlichten Grundrechtsklauseln im ersten Entwurf vorzuschreiben. Diese Entscheidung hat jedoch – wie im Folgenden zu zeigen sein wird – zu einer erheblichen Diskontinuität der Geschichte des Grundsatzes nulla poena sine lege geführt.

3. Der Grundsatz nulla poena sine lege in der Verfassungsgesetzgebung

Am Tag nach der Wahl der Nationalversammlung vom 19. Januar 1919 wurde der zweite Verfassungsentwurf aufgrund der Ergänzungen und Änderungen des ersten Entwurfs veröffentlicht. Der Grundrechtskatalog war gegenüber diesem stärker erweitert worden. In diesem Entwurf wurden neu aufgenommen die Garantie der Freiheit der Wissenschaft und Lehre, der Meinungs- einschliesslich der Pressfreiheit, der Versammlungs- und Vereinsfreiheit einschliesslich der Koalitionsfreiheit, der Petitionsfreiheit, der persönlichen Freiheit, der Unverletzlichkeit der Wohnung und des Eigentums, schliesslich der Schutz des Postgeheimnisses[11]. Nicht enthalten war aber noch immer ein dem Grundsatz nulla poena sine lege entsprechender Artikel[12]. Die Nationalversammlung wählte später in ihrer Sitzung vom 5. April 1919 einen Unterausschuss, der sich speziell mit dem Grundrechtsteil des Verfassungsentwurfs befassen sollte. Am 29. April hat der Abgeordnete Beyerle diesem Unterausschuss die „Vorschläge zu einer Stoffgliederung und Textgestaltung des Verfassungsabschnittes über die Grundrechte des Deutschen Volkes“ vorgeschlagen[13]. Dies darf als Beginn der Beratung über den Grundsatz nulla poena sine lege gewertet werden. Der Punkt 10 in den Vorschlägen lautete:

> „Strafgesetz als Voraussetzung jeder Strafe
> Der Verhängung von Strafen aller Art muss ihre Androhung vorausgehen. Strafen können nur durch ein Gesetz oder auf Grund gesetzlicher Ermächtigung angedroht werden.“

In Punkt 10 wurde zwar explizit festgehalten, dass die Androhung der Strafe durch Gesetz oder auf Grund gesetzlicher Ermächtigung notwendige Voraussetzung zur Verhängung von Strafen aller Art ist, jedoch unterschied sich der Wortlaut der vorgeschlagenen Vorschrift in einem wesentlichen Punkt von dem des

---

11 *Huber*, a.a.O., S. 1181.

12 *Kohlmann*, a.a.O., S. 200.

13 Zitiert nach *Kohlmann*, a.a.O., S. 201.

seit 1871 geltenden § 2 Abs. 1 StGB. Dennoch ist im Beschlussprotokoll der ersten Sitzung des Unterausschusses vom 2. Mai vermerkt:

> „10. (Strafgesetz als Voraussetzung jeder Strafe): In der Fassung des § 2 Abs.1 des Strafgesetzbuchs: Eine Handlung kann nur dann mit einer Strafe belegt werden, wenn diese Strafe gesetzlich bestimmt war, bevor die Handlung begangen wurde."

Dieser Punkt 10 wurde in die Anträge des Unterausschusses als Art. 9 aufgenommen und auch vom Verfassungsausschuss in der 32. Sitzung vom 28. Mai in erster Lesung angenommen. Der Unterausschuss und der Verfassungsausschuss haben den Vorschlag des Abgeordneten Beyerle also mit § 2 Abs. 1 StGB gleichgesetzt[14]. Dennoch wurde im Unterausschuss vom 30. Mai plötzlich das Wort „diese Strafe" des Art. 9 durch „die Strafbarkeit" ersetzt. Eingebracht wurde dieser Änderungsvorschlag in den Unterausschuss vom Abgeordneten Katzenberger (SPD)[15], und mit diesem Vorschlag wurde der Kerngedanke des Grundsatzes nulla poena sine lege nachhaltig erschüttert.

Der Grundsatz nulla poena sine lege, der bereits 1871 im § 2 Abs. 1 StGB verankert worden war, schreibt vor, dass die als Verbrechen zu bestrafende Handlung und die ihr entsprechende Strafe gesetzlich vorgeschrieben worden sein müssen, bevor die verbrecherische Handlung begangen wurde. Wie sich aus dem Wortlaut „diese Strafe" im § 2 Abs. 1 StGB ergibt, wird dabei nicht nur eine Normierung der Strafbarkeit der Handlung an sich, sondern auch die Festlegung der konkreten Art und des Rahmens der Strafe, mit der die strafbare Handlung belegt wird, verlangt. Wenn nun im Wortlaut der entsprechenden Vorschrift „diese Strafe" durch „die Strafbarkeit" ersetzt wird, so ist klar, dass der Vorschlag Katzenbergers an der vorherigen gesetzlichen Bestimmtheit der Strafbarkeit der jeweiligen Handlung festhält. Nicht ganz deutlich wird jedoch, ob dieser Vorschlag verlangt, dass die dieser Handlung entsprechende Strafe einzeln und konkret vorher gesetzlich bestimmt sein muss. Denn der Begriff „die Strafbarkeit" lässt sich so auslegen, dass nicht die der strafbaren Handlung entsprechende „Strafe", sondern nur „die Strafbarkeit" der Handlung an sich vorher gesetzlich bestimmt sein muss. Wenn die vorherige Bestimmtheit der Strafbarkeit für den Grundsatz nulla poena sine lege als Verfassungsrechtsgrundsatz genug ist, fordert er nicht notwendig zugleich, dass auch die Strafart und der Strafrahmen vorher gesetzlich bestimmt gewesen sein müssen. Zwar

---

14 *Kohlmann*, a.a.O., S. 201f.

15 *Kohlmann*, a.a.O., S. 202. Nach *Huber*, a.a.O., S. 1195, wurde das Verbot der rückwirkenden Strafgesetze anerkannt, bis Katzenberger seinen Änderungsvorschlag gemacht hat.

fordert das Strafgesetz in § 2 Abs. 1 StGB auch die vorherige gesetzliche Bestimmtheit der Strafart und des Strafrahmens, dabei handelt es sich jedoch offensichtlich nur um eine Regelung einfachgesetzlichen Ranges.

Der Vorschlag Katzenbergers bedeutete wahrscheinlich einerseits die Erhebung der vorherigen gesetzlichen Bestimmtheit der Strafbarkeit der Handlung in den Rang eines Verfassungsgrundsatzes, andererseits die Befestigung der vorherigen gesetzlichen Bestimmtheit der Strafart und des Strafrahmens auf dem Niveau eines bloßen Strafrechtsgrundsatzes. Dies ist insofern von großer Bedeutung, als es zur Änderung eines Verfassungsgrundsatzes im Allgemeinen der Verfassungsänderung bedarf, während eine Strafgesetzänderung auch einfachgesetzlich möglich ist. So wird die rechtsstaatliche „Zerbrechlichkeit" des Grundsatzes nulla poena sine lege deutlich. Zwar kann verfassungsrechtlich nach diesem Grundsatz eine Handlung dann nicht mit Strafe belegt werden, wenn die Strafbarkeit nicht gesetzlich bestimmt war, bevor die Handlung begangen wurde, auch wenn die Handlung nachträglich strafbar geworden ist und diese Strafe gesetzlich bestimmt wurde. Keinen verfassungsrechtlichen Schutz gibt es jedoch davor, dass eine Strafe auf eine Handlung rückwirkend angewendet werden kann, deren Art und Rahmen nachträglich verschärft wurden, wenn auch die Handlung vorher gesetzlich als strafbar erklärt wurde. Hiergegen lässt sich „nur" der Wortlaut der einfachgesetzlichen Vorschrift § 2 Abs. 1 StGB vorbringen. Sobald also § 2 Abs. 1 StGB dergestalt in eine „Krise" geriete, also dahingehend geändert wird, dass nun eine Handlung rückwirkend schärfer bestraft werden könnte, als zum Tatzeitpunkt bestimmt, so gibt es gegen diese „Krise" kein verfassungsrechtliches Gegenmittel. Der Grundsatz nulla poena sine lege, wie er in Katzenbergers Vorschlag zum Ausdruck gebracht wird, garantiert nicht die Anwendung derjenigen Strafart und des jeweiligen Strafrahmens, der bei Begehung der Straftat gesetzlich festgelegt war. Ob bzw. dass der Strafrichter die Tat nur mit derjenigen Strafe belegen kann, die vor der Handlung gesetzlich bestimmt war, wird nicht bestimmt.

Nach der Novemberrevolution ist der Streit um den normativ-praktische Sinn und den Anwendungsbereich des Art. 9 nicht entstanden, ob die vorherige gesetzliche Bestimmtheit der Strafart und des Strafrahmens vom Grundsatz nulla poena sine lege befreit werden soll und die nachtraglich verschärfte Strafe auf die Tat rückwirkend anwendet werden kann. Aber gab es ein Anzeichen eines heftigen theoretischen Streites. Im Verfassungsunterausschuss haben die zwei Abgeordneten Dr. Düringer und Dr. Heinze Katzenbergs Vorschlag kritisiert und vertreten, dass diese Fassung notwendigerweise auch einen anderen Gedanken enthalte und insofern eine Abweichung von dem Grundgedanken des StGB sei. Trotzdem hat der Unterausschuss diese vorgeschlagene Änderung anerkannt. Dazu heisst es im Protokoll[16]:

> „Vorsitzender Haussmann gibt nach Eröffnung der Sitzung bekannt, dass der Unterausschuss für die Grundrechte, der jetzt seine Arbeit abgeschlossen habe, nachträglich für Art. 9 noch eine Änderung vorschlage. Auf die Bedenken des Abgeordneten Dr. Düringer und des Abgeordneten Dr. Heinze, dass dadurch eine für jeden unverständliche Abweichung von der Fassung des Strafgesetzbuchs entstehe, und dass eine andere Fassung notwendigerweise auch einen anderen Gedanken enthalte, fügte der Vorsitzende hinzu, dass die Abänderung auch von den Vertretern des Preußischen und Bayerischen Justizministeriums ausdrücklich gewünscht worden sei. Der Unterausschuss sei einstimmig der Ansicht gewesen, dass damit eine materielle Abweichung von dem Grundgedanken des StGB nicht beabsichtigt sei. Darauf wurde die vorgeschlagene Änderung des Art. 9 angenommen."

Nach dieser Beratung des Unterausschusses wurde der Artikel in der Fassung „wenn die Strafbarkeit gesetzlich bestimmt war" vom Verfassungsausschuss angenommen und wurde als Art. 116 in den Entwurf der Verfassung des Deutschen Reiches übernommen. Aufgrund dessen kann vermutet werden, dass der Verfassungsausschuss ebenso wie der Unterausschuss Art. 116 mit § 2 Abs. 1 StGB inhaltlich gleichgesetzt hat. Erklärt, warum das formell unterschiedliche Wort die inhaltlich gleiche Bedeutung haben soll, wurde freilich nicht. Insofern hat der Untersuchungsausschuss seinen subjektiven Willen „eine materielle Abweichung von dem Grundgedanken des StGB sei nicht beabsichtigt" nur als Ergebnis formuliert, ohne jedoch auf die Argumente beiden Abgeordneten einzugehen. Der subjektive Gesetzgeberwille ist zwar außergesetzlich deutlich erklärt, kann der wörtlichen Form jedoch nicht entnommen werden. Der Strafrechtsgrundsatz wird also nicht mehr im geschriebenen und unbewegbaren Wortlaut tief und fest eingeprägt, sondern bleibt nur im Gedächtnis der Gesetzesausleger – manchmal deutlich. Dies ist insofern problematisch, als der Mensch – und auch der Jurist – zur Vergesslichkeit neigt. Nicht selten wird der gleiche Wortlaut eines Gesetzes zu verschiedenen Zeiten unterschiedlich interpretiert.

In der Sitzung der Nationalversammlung vom 11. Juli 1919 hat sich der Abgeordneten Heinze noch einmal sehr ausführlich mit diesem Problem beschäftigt

16 Zitiert nach *Kohlmann*, a.a.O., S. 202. Der wahre Grund, warum Katzenberger diesen Änderungsvorschlag gemacht hat, ist unklar. Aber es ist zu vermuten, dass Katzenberger versucht hat, seinen Vorschlag vom Grundsatz nulla poena sine lege im § 2 Abs. 1 StGB inhaltlich zu unterscheiden, weil er ihn folgendermaßen begründet hat: „Das Wort Strafe soll im Sinne von 'Strafbarkeit' gelten". Aber nach *Kohlmann*, a.a.O., S. 202, wurde dieser Satz aus dem Unterausschussprotokoll wieder gestrichen. Es scheint mir mysteriös, dass der Vorschlag einerseits angenommen, andererseits aber die Begründung gestrichen wurde.

und vor den möglichen Folgen gewarnt[17]. In seinen Ausführungen nahm er auf mehrere strafrechtlich sehr wichtige Fragen Bezug:

> „Der Entwurf, wie ihn die Kommission ausgearbeitet hat, sieht einen Umfang der Rechte vor, wie ihn m. W. kein anderes Grundgesetz irgendeines grossen Staates enthält. Und das ist bedenklich. Wenn Sie sich §§ 107 bis 162 durchsehen, welche die Grundrechte enthalten, so finden Sie da kein geschlossenes System. Sie finden keinen einheitlichen Zug, der durch diese Grundrechte durchgeht. Zwei ganz verschiedene Strömungen haben sich bei Schaffung dieser Grundrechte gekreuzt und schliesslich zu Bestimmungen geführt, wie wir sie nicht wünschen können.
>
> Ich will das hier nur an einzelnen Beispielen vorführen, und ich muss das hier vorbringen, um auf die Gefährlichkeit einer solchen Art, Gesetze zu machen, hinzuweisen. Art.116 heisst: ‘Eine Handlung kann nur dann mit einer Strafe belegt werden, wenn die Strafbarkeit gesetzlich bestimmt war, bevor die Handlung begangen wurde’. Das ist eine Veränderung von § 2 des Strafgesetzbuchs, denn dort heisst es nicht: ‘wenn die Strafbarkeit’, sondern: ‘die Strafe’ gesetzlich bestimmt war. Das ist etwas vollkommen anderes. Jeder Jurist weiß, was diese Änderung bedeutet.“

Heinze hat darauf hingewiesen, dass „jeder Jurist weiß“, was der Änderungsvorschlag des Wortes im Art. 116 des Verfassungsentwurfs bedeutet. Welchen Schluss er aus dieser Erkenntnis zieht, wird zwar nicht ganz deutlich; bemerkenswert ist jedoch sein Hinweis darauf, dass sich bei Schaffung der Grundrechte zwei ganz verschiedene Strömungen gekreuzt haben. Welches sind also die beiden Strömungen, die nach Heinze bei der Diskussion um den Grundsatz nulla poena sine lege als strafrechtsbezogenes Kerngrundrecht schon vor der Begründung der Weimarer Republik gekreuzt haben? Heinze bezieht sich hier offensichtlich auf die unterschiedlichen Strafrechtsgedanken der klassischen und modernen Schule. Diese zwei Schulen haben sich einerseits im sogenannten Schulenstreit theoretisch gegenüber gestanden, andererseits in der Strafrechtsreform zu Beginn des 20. Jahrhunderts „gekreuzt“ und praktische Kompromisse geschlossen. Es scheint, dass einer dieser Kompromisse sich auch in der Entwicklung von Art. 116 des Verfassungsentwurfs wiederfindet[18].

---

17 Zitiert nach *Kohlmann*, a.a.O., S. 202 f.. Vgl. *Hans-Ludwig Schreiber*, Gesetz und Richter – Zur geschichtliche Entwicklung des Satzes nullum crimen, nulla poena sine lege, 1976, S. 182.

18 Der japanische Strafrechtsprofessor Seiichiro Ono (1891–1986) hat die theoretischen Tendenzen der deutschen Strafrechtsreform des beginnenden 20.Jahrhunderts analysiert und ausdrücklich auf die Problematik des Grundsatzes nulla poena sine lege hingewiesen. Er kommt zu folgenden Ergebnissen: Das Strafgesetzbuch 1871, der Vorentwurf von 1909 und der Gegenentwurf von 1911 lassen sich insofern gleichsetzen, als sie die zeitliche Geltung des Strafgesetzes in Verbindung mit dem Grundsatz nulla poena sine lege geregelt haben. Das ist Ausdruck jenes wesentlichen strafrechtlichen Grundprinzips des 19. Jahrhundert, wonach die Frage nach der zeitlichen Geltung des Strafgesetzes mit

Die Arbeit zur Strafrechtsreform vom Ende des 19. Jahrhunderts bis dem Beginn des 20. Jahrhunderts wurde von den Strafjuristen der klassischen und der modernen Schule geleistet. Bis zum Inkrafttreten der Weimarer Verfassung wurden insgesamt vier Entwürfe vorgelegt. Dies waren der Vorentwurf von 1909, der Gegenentwurf zum Vorentwurf von 1911, der Kommissionsentwurf von 1913 und schließlich der Entwurf von 1919. Hervorzuheben ist hierbei insbesondere der Kommissionsentwurf von 1913, der sich im Hinblick auf sein Grundverständnis des Grundsatzes nulla poena sine lege von den früheren Entwürfen wesentlich unterscheidet. Die vorangegangenen Entwürfe fassten nämlich übereinstimmend noch zwei strafrechtliche Prinzipien unter einem Punkt zusammen: die gesetzliche Bestimmtheit einer Straftat und der Strafe einerseits sowie das Rückwirkungsverbot für Strafgesetze andererseits. Im Kommissionsentwurf von 1913 wurden diese beiden Aspekte erstmals formell und inhaltlich getrennt voneinander festgehalten. § 1 des Kommissionsentwurfs enthielt die Aussage, dass Verbrechen und Strafe gesetzlich vorgeschrieben sein müssen, ohne sich jedoch mit der zeitlichen Geltung des Strafgesetzes zu befassen. § 2 des Kommissionsentwurfs hingegen forderte, dass die Strafbarkeit der Handlung gesetzlich bestimmt sein muss, bevor die Handlung begangen wurde, wodurch die Frage der zeitlichen Geltung vom § 1 formell und inhaltlich getrennt wurde. Darin mussten Verbrechen und Strafe zwar gesetzlich bestimmt sein, aber nicht die *Strafe* musste *vorher* gesetzlich bestimmt werden, sondern nur die *Strafbarkeit* der Handlung. Im Entwurf von 1919 wurde sogar die gesetzliche Bestimmtheit von Verbrechen und Strafen im Sinne des Kommissionsentwurfs von 1913 nicht vorgeschrieben, sondern es wurden nur die vorherige Bestimmtheit der Strafbarkeit und deren Ausnahme vorgeschrieben.

Was bedeutete diese Tendenz in der Strafrechtsreformarbeit? Worin lag ihr theoretischer Ursprung? Es scheint, dass die Strafrechtsreformarbeit versucht hat,

---

Hilfe des Grundsatzes nulla poena sine lege zu lösen ist. Das wird auch in Japan so gesehen. Dagegen spaltet der Kommissionsentwurf 1913 den Grundsatz nulla poena sine lege auf: die Frage nach der Gesetzlichkeit von Strafe und die zeitliche Geltung des Strafgesetzes werden hier getrennt behandelt. In dieser Spaltung kann man einen Vorboten jener Zeit sehen, in welcher der Grundsatz nulla poena sine lege seine Bedeutung als Schlüsselbegriff der Strafrechtswissenschaft einbüßen wird. Seiichiro Ono zieht daraus den Schluss, dass die die zeitliche Geltung des Strafgesetzes als Forschungsgegenstand unabhängig von Grundsatz nulla poena sine lege betrachtet werden sollte. Vgl. *Seiichiro Ono*, Der Beitrag zur Strafrechtsreformarbeit in Deutschland, in: Hogaku-Shirin, Bd. 25 Nr.11, 1923, S. 23 ff. Franz v. Liszt hielt an dem Grundsatz als einem „Bollwerk des Staatsbürgers" (Strafr. Aufsätze und Vorträge, 1. Band, 1905, S. 80) fest, obwohl er dem Grundgedanken seiner sog. Modernen Schule nicht entspricht, während Karl Binding meinte, der Staat bestimme sein Strafrecht „ungehindert von erworbenen Rechten seiner Untertanen" (*Karl Binding*, Die Normen und ihre Übertretung, 1. Band, 4. Auflage, 1922, S. 178).

den Grundsatz nulla poena sine lege im Sinne von § 2 Abs. 1 StGB zu schwächen, indem sie die Frage nach der Strafart und dem Strafrahmen vom Erfordernis der vorherigen Bestimmtheit zu befreien suchte. Die Strafrichter sollte zweckmäßig und kriminalpolitisch ermessen können, mit welcher Strafe die strafbare Handlung belegt werden soll. Wenn nun bereits Art. 116 WRV die verfassungsrechtliche Reflexion dieser Tendenz in der Strafrechtsreform wäre, so ließe sich hieraus der Schluss ziehen, dass die „praktische Bedeutung“ der Auseinandersetzung über den Sinn und den Anwendungsbereich des Art. 116 WRV schon damals – und nicht erst im Rahmen der Entscheidung um den Reichstagsbrand von 1933 – offenbar wurde.

4. Der Grundsatz nulla poena sine lege in der Rechtsprechung

Das Reichsgericht hat in den 1920er Jahren mehrfach mit dem normativ-praktischen Sinn und dem Anwendungsbereich des Art. 116 WRV beschäftigt. Unter dem Einfluss der Meinungsverschiedenheit im Unterausschuss wurden auch hier verschiedene Standpunkte zum Verhältnis von § 2 Abs. 1 StGB und Art. 116 WRV vertreten.

Der 3. Strafsenat des Reichsgerichts verneinte in seinem Urteil vom 4. Januar 1923[19] die rückwirkende Kraft der Verordnung des Reichspräsidenten, betreffend das Verbot der Arbeitsniederlegung durch Beamte der Reichsbahn vom 1. Februar 1922[20]. Die Rückwirkung eines Strafgesetzes sei gemäß Art. 116 WRV ausgeschlossen, der eine vor der Begehung der Tat bestimmte Strafbarkeit, also ein vorher verkündetes Strafgesetz, verlange. Daher war es nach Auffassung des Reichsgerichts nicht anzunehmen, dass sich die strafrechtliche Wirkung der Verordnung vom 1. Februar 1922 auf die vor dem Zeitpunkt der Verkündung verübten Zuwiderhandlungen erstreckte. Der 5. Strafsenat des Reichsgerichts hat im Urteil vom 6. Februar 1923[21] zudem ausgeführt, dass die Reichsabgabenordnung vom 23. Dezember 1919 auf die Zuwiderhandlungen im Kriegssteuergesetz von 1916 nicht angewendet werden kann, weil Art. 116 WRV nicht so zu verstehen sei, dass ein fahrlässiges Handeln, das vor Geltung der Reichsabgabenordnung begangen wurde, aber nach dem früheren Steuergesetz nicht oder unter einem anderen rechtlichen Gesichtspunkt strafbar war, mit dem Inkrafttreten der Reichsabgabenordnung nach dieser strafbar wurde.

---

19 RGSt 57, 49 f.

20 Verordnung des Reichspräsidenten, betreffend Verbot der Arbeitsniederung durch Beamte der Reichsbahn. Vom 1. Februar 1922, RGBl. I, 187.

21 RGSt 57, 119.

Der 3. Strafsenat ging hierbei ersichtlich davon aus, dass Art. 116 WRV eine vor der Begehung der Tat bestimmte Strafbarkeit, also ein vorher verkündetes Strafgesetz, verlangt, ohne auf den unterschiedlichen Wortlaut § 2 Abs. 1 StGB und Art. 116 WRV einzugehen. Der Senat setzte die Bestimmtheit der Strafbarkeit vor der Begehung der Tat mit der Verkündung des Strafgesetzes gleich, sodass die Vorschriften § 2 Abs. 1 StGB und Art. 116 WRV inhaltlich übereinstimmen. Dagegen führte der 5. Strafsenat aus, dass Art. 116 WRV an die Stelle des § 2 Abs. 1 StGB getreten sei, und bestätigte somit die inhaltliche Identität beider Normen. Beide Strafsenate kamen somit zum selben, dem subjektiven Willen des Gesetzgebers entsprechenden Ergebnis. Sie sprachen sich damit gegen die Möglichkeit aus, dass Art. 116 WRV Strafart und Strafrahmen von der vorherigen Bestimmtheit befreit hat und den vom Gesetzgeber nachträglich verschärften Strafen rückwirkende Kraft geben kann[22].

Dagegen ist es bemerkenswert, dass der 5. Strafsenat des Reichsgerichts bereits in seinem Urteil vom 24. März 1922[23] über die Auslegung des Art. 116 WRV anders als die beiden Strafsenate entschieden hat. In dieser Entscheidung hat der Strafsenat ausgeführt, dass Art. 116 WRV inhaltlich nicht mit dem § 2 Abs. 1 StBG gleichgesetzt werden könne, vielmehr Art. 116 WRV den § 2 Abs. 1 StBG geändert habe:

> „Der Umstand, dass für den Fall, wo sich der Wert zur Einfuhr bestimmten Ware ermitteln lässt, keine Höchstbetrag der Geldstrafe im § 2 Abs. 2 EinfuhrVO 1920 festgesetzt ist, macht diese Strafandrohung nicht ungültig. Dahingestellt bleiben kann, ob der § 2 Abs. 1 StGB den Gesetzgeber hinderte, in der EinfuhrVO – gleichwie im § 7 Abs. 2 AußenkontrollVO – von der Festsetzung eines Höchstmaßes der Geldstrafe im Regelfall abzusehen. Zum mindesten besteht ein solches Hindernis nicht mehr, seitdem die Vorschrift im § 2 Abs. 1 StGB durch die des Art. 116 RVerf. 1919 ersetzt worden ist. Art. 116 lautet: ‘Eine Handlung kann nur dann mit einer Strafe belegt werden, wenn die Strafbarkeit gesetzlich bestimmt war, bevor die Handlung begangen wurde’. Über die Gründe dieser Änderung des § 2 Abs. 1 StGB findet sich in der Entstehungsgeschichte der RVerf. 1919 nichts für die Auslegung Wesentliches. Dass § 2 Abs. 1 auch den Ausschluss unbestimmter Strafen bedeutet, wurde aus seinen Worten ‘diese Strafe’ gefolgert. Den an ihre Stelle getretenen Worten ‘die Strafbarkeit’ kann nicht derselbe Sinn beigemessen werden. Mit ihnen wird die gesetzliche Festlegung der Möglichkeit einer Bestrafung erfordert, keineswegs aber zum Ausdruck gebracht, dass das zur Zeit der Begehung der Tat geltende, eine bestimmte Strafart androhende Gesetz einen bestimmten Strafrahmen haben müsste.“

Insofern der § 2 Abs. 1 StGB die vorherige gesetzliche Bestimmtheit des Verbrechens und der Strafe fordert, verstößt § 2 Abs. 2 Einfuhrverordnung 1920 klar gegen ihn, weil er nur die Strafart „Geldstrafe“ ohne ihren Höchstbetrag

---

22 *Kohlmann*, a.a.O., S. 205 f.

23 RGSt 56, 318.

festlegt. Aber wenn § 2 Abs. 1 StGB durch Art. 116 WRV ersetzt wurde und § 2 Abs. 1 StGB im Sinne des Art. 116 gilt, verstößt § 2 Abs. 2 Einfuhrverordnung nicht mehr gegen 2 Abs. 1 StGB. Demnach ist es nur die Strafbarkeit der Handlung, die vorher gesetzlich bestimmt sein muss. Insofern es nur gesetzlich bestimmt ist, dass die strafbare Handlung mit der Strafart „Geldstrafe" belegt werden kann, wenn auch ihr Höchstbetrag offen geblieben ist, kann man nicht mehr sagen, dass der § 2 Abs. 2 Einfuhrverordnung 1920 gegen den Grundsatz nulla poena sine lege im Sinne des Art. 116 WRV verstößt.

Den Hintergrund dieses Urteils des 5. Strafsenats bildet die beispiellose Inflation in besiegten Deutschland nach dem Ersten Weltkrieg[24]. In Zeiten der Inflation ist der Geldwert stets unsicher, aber in der damaligen Wirklichkeit fiel er unvorstellbar schnell. Es steht zu vermuten, dass der Gesetzgeber davon ausging, die gesetzliche Bestimmung eines Höchstbetrages der Geldstrafe sei in einer sich zunehmend verstärkenden Inflation sinnlos; es genüge daher, die Strafart „Geldstrafe" in der Einfuhrverordnung gesetzlich zu bestimmen und den Strafrahmen-„Betrag" dem richterlichen Ermessen gemäss dem jeweiligen Geldwert zu überlassen. Abgesehen davon, dass der Abgeordnete Katzenberger in der Sitzung des Unterausschusses vom 30. Mai 1919 erwartete, dass die beispiellose Inflation einen nicht zu ignorierenden Einfluss auf das Geldstrafensystem ausüben kann, der den Grundsatz nulla poena sine lege zerbrechlich werden lässt, hat der 5. Strafsenat im Urteil vom 1922 klargestellt, dass der § 2 Abs. 2 Einfuhrverordnung von 1920 verfassungsgemäß rückwirkend angewendet werden kann.

24 § 9 des Gesetzes zum Schutze der Republik vom 21. Juli 1922 lautet: „Neben jeder Verurteilung wegen Hochverrats oder wegen eines Verbrechens gegen die §§ 1 bis 6 ist auf Geldstrafe zu erkennen; die Höhe der Geldstrafe ist nicht beschränkt" (RGBl I, 585.). – Die zivilrechtliche Erscheinungsform der Inflation nach den Ersten Weltkrieg ist das sogenannte Aufwertungsurteil, die strafrechtliche ist die Strafgesetzgebung, die die Höhe der Geldstrafe nicht bestimmt. Die richterliche freie Rechtsfindung und das richterliche Ermessen bei der Bemessung der Geldstrafe können als die konkreten Erscheinungen der Freirechtsbewegung verstanden werden. Die zwei Merkmale der Aufwertung und des Republikschutzes stellen die soziale Situation gleich nach der Begründung der Weimarer Republik konzentriert dar, dass die Inflation einerseits das wirtschaftliche System der Republik erschüttert hat und den Ruf nach der linksradikalen Veränderung und nach der Gegenrevolution verstärkt hat, andererseits die neue Regierung sich bemüht hat, die Republik gegen die Gegenkräfte zu schützen und die politische Sicherheit zu erhalten. Es ist klar, die politische und wirtschaftliche Unsicherheit die Rechtssicherheit gebrochen hat. In diesem Sinne weist Arthur Rosenberg die wesentliche Tendenz des damaligen Rechtslage mit folgender Darstellung hin. „Im Wirbel der Geldentwertung hatten sich alle hergebrachten Begriffe von Ordnung, Eigentum und Gesetzlichkeit aufgelöst". Vgl. *Arthur Rosenberg* (herausgegeben von Kurt Kersten), Geschichte der Weimarer Republik, 1961, S. 135.

Ließe sich aus diesem Urteil nicht ableiten, dass Art. 116 WRV die Anwendung der nachträglich bestimmten Strafrahmen auf die strafbare Handlung erlaube?

5. Der Grundsatz nulla poena sine lege in den Strafrechtslehren

Auch die Strafrechtslehre hat über den normativ-praktischen Sinn und den Anwendungsbereich des Art. 116 WRV leidenschaftlich diskutiert. Wie schon Hans-Ludwig Schreiber vertreten hat[25], wurden einerseits die verschiedenen Meinungen darüber zum Ausdruck gebracht, andererseits wurde das im Art. 116 WRV sich versteckende theoretische Problem bis zum Ende der Weimarer Republik, dem Reichstagbrandprozess, nicht offengelegt. Die herrschende Lehre hat die Ansicht von der sog. inhaltlichen Identität wieder aufgegriffen, wonach Art. 116 WRV lediglich die verfassungsrechtlichen Ausdrucksform des § 2 Abs. 1 StGB war[26]. Dies entspricht zwar dem Willen des Gesetzgebers, vermag aber die inhaltliche Änderung des Grundsatzes nulla poena sine lege durch Art. 116 WRV nicht zu erklären, der aus dem formellen Unterschied der beiden Worte („diese Strafe“ und „die Strafbarkeit“) entsteht.

Zum Beispiel hat Robert von Hippel die Ansicht vertreten, dass Art. 116 WRV zwei Bedeutungen hat: eine staatsrechtliche und eine strafrechtliche. Staatrechtlich könnten Strafgesetze nur im Wege eines formellen Gesetzes, also unter Mitwirkung der Volksvertretung, erlassen werden. Strafrechtlich müssten Tatbestand und Strafe vor Begehung der Tat gesetzlich bestimmt sein. Art. 116 WRV unterscheide sich zwar von § 2 Abs. 1 StGB, aber sachlich ergebe sich daraus kein Unterschied, insbesondere nicht etwa die Zulässigkeit der Androhung gesetzlich nicht bestimmter Strafen[27]. Die Ansicht v. Hippels stimmt mit dem subjektiven Gesetzgeberwillen in der Weimarer Nationalversammlung überein.

Joseph Heimberger wies darauf hin, dass absolut unbestimmte Strafgesetze bis tief ins 18. Jahrhundert hinein häufig waren, die ein Verhalten nur im Allgemeinen für strafbar erklären, die Festsetzung von Art und Maß der Strafe aber vollständig dem richterlichen Ermessen überließen. Allerdings kämen solche Strafgesetze nicht mehr vor, weil sich die Unzulässigkeit absolut unbestimmter Strafgesetze aus § 2 Abs. 1 StGB ergebe. Daran ändere nach „richtiger Ansicht“ auch Art. 116 RV nichts, wenn er den Bedingungssatz in die Worte „wenn die Strafbarkeit gesetzlich bestimmt war“ fasse und dadurch den Anschein erwecke,

---

25 *Schreiber*, a.a.O., S. 182 f.

26 *Kohlmann*, a.a.O, S. 206.

27 *Robert von Hippel*, Die allgemeinen Lehren vom Verbrechen in den Entwürfen, in: ZStW 42, 1922, S. 404 f.

dass nur überhaupt eine Strafe, wenn auch keine bestimmte, angedroht gewesen sein müsse. Die Weimarer Reichsverfassung habe nicht daran gedacht, den § 2 StGB zu ändern, sondern habe nur den in ihm enthaltenen Grundsatz „Keine Strafe ohne Gesetz" unter die Grundrechte aufnehmen wollen[28]. Wenn auch Art. 116 WRV den Anschein erwecke, dass auch eine absolut unbestimmte Strafe angedroht gewesen sein könne, sei dieser doch mit § 2 Abs. 1 StGB identisch und verbiete somit die absolut unbestimmte Strafe.

Eberhard Schmidt vertritt in dem von ihm neubearbeiteten Strafrechtslehrbuch von v. Liszt die gleiche Ansicht einer inhaltlichen Identität. Nach seiner Auffassung treten die vom Rechtssatz an einen Tatbestand geknüpften Rechtsfolgen ein, sobald ein dem Tatbestand entsprechender Sachverhalt gegeben ist. Jeder Rechtssatz kann nur auf die während seiner Herrschaft entstandenen Tatbestände angewendet werden, soweit er nicht die nach oder vor seiner Geltung liegenden Tatsachen selber aufgreift. Dies gilt auch für Strafrechtssätze. Auch sie haben weder nachwirkende noch rückwirkenden Kraft, soweit der Gesetzgeber sie ihnen nicht ausdrücklich beilegt. Daraus folgt die Art. 116 WRV immanente Regel: Die Strafrechtssätze finden Anwendung auf die während, sie finden keine Anwendung auf die vor oder nach ihrer Geltung begangenen Handlungen[29]. Es wird von Schmidt angedeutet, dass es nicht dem Gesetzgeber, sondern nur dem Richter verboten wird, Strafrechtssätzen nachwirkende und rückwirkende Kraft zu beizulegen. Daher ist es nach ihm nicht klar, ob es nur dem Richter verboten ist, die gesetzliche Strafe auf eine strafbare Handlung rückwirkend anzuwenden, die der Gesetzgeber nachträglich verschärfet hat.

Hellmuth Mayer hat ausdrücklich vertreten, dass der Satz nulla poena sine lege in der geschichtlichen Entwicklung gerade deshalb geschaffen wurde, um politische Zweckgesetze von der Art zu verhüten, dass nachträglich eine vorher unverbotene Tat unter Strafe gestellt wird, oder dass man nachträglich eine Strafbestimmung auf den vorliegenden Fall erst passend macht. Wenn Bestimmungen in ein Strafgesetz aufgenommen würden, deren Umfang sich auch nicht annähernd im Voraus bestimmen und berechnen lässt, könnte der Satz nulla poena sine lege in fraudem legis umgangen werden. Dieser Gedanke habe auch

---

28 *Josef Heimberger*, Strafrecht, 1931, S. 20.

29 *Franz von Liszt / Eberhard Schmidt*, Lehrbuch des Deutschen Strafrechts, 27. völlig neubearbeitete Aufl., 1932, S. 113. Franz von Liszt hat vor der Weimarer Zeit geschrieben, „Daraus folgt die in StGB § 2 Abs. 1 indirekt anerkannte Regel: Die Strafrechtssätze finden Anwendung auf die während, sie finden keine Anwendung auf die vor oder nach ihrer Geltung begangenen Delikte". Dass Schmidt bei der Neubearbeitung des Lisztschen Lehrbuchs den Art. 116 WRV mit dem § 2 Abs. 1 StGB identifiziert hat, bedeutet, dass Schmidt die Ansicht von der inhaltlichen Identität vertritt. Vgl. *Franz v. Liszt*, Lehrbuch des Deutschen Strafrechts, zweite durchaus umgearbeitete Auflage, 1884, S. 79.

hinreichend deutlichen Ausdruck im Gesetz gefunden. Denn § 2 StGB *und* Art. 116 forderten, dass eine Handlung vorher mit Strafe bedroht sei. Es genüge also nicht, dass etwa eine Handlung unter einen Gesetzesbegriff gebracht werden könne, wie das ja bei jeder „Kautschukbestimmung“ möglich sei. Sondern sowohl dem Wortlaut wie dem Sinn des Art. 116 WRV werde nur dann entsprochen, wenn die betreffende Handlung so beschrieben sei, dass man auch wisse, welche Handlungen nun verboten sind. Ein gegen diese Forderung einer einigermaßen bestimmten Beschreibung verstoßendes Gesetz sei verfassungswidrig[30]. Mayer verkennt dabei den Wortlaut und dessen Sinn in Art. 116 WRV. Wie er vertritt, ist „jede Kautschukbestimmung“ zwar verfassungswidrig, weil man nicht wissen kann, welche Handlungen nun verboten sind. Aber es kommt nicht nur auf die gesetzlichen Bestimmtheit der strafbaren Handlung an, sondern auch auf die der Strafart und des Strafrahmens. Aus den Erkenntnis von Mayer erklärt sich das Problem des Art. 116 WRV noch nicht, ob es erlaubt sein kann, der nachträglich verschärften Strafe Rückwirkungskraft zu verleihen.

Die oben erwähnten Meinungen stehen auf dem Standpunkt, auf dem auch der Weimarer Gesetzgeber subjektiv stand, dass Art. 116 WRV mit § 2 Abs. 1 StGB normativ identisch sei. Hiervon unterscheidet sich die Position Edmund Mezgers. Mezger bestimmt das Verhältnis zwischen § 2 Abs. 1 StGB und Art. 116 WRV wie folgt[31]:

> „Der Satz: Keine Strafe ohne Gesetz, gilt heute mit unverbrüchlicher Strenge. § 2 Abs. 1 StGB bestimmt in dieser Hinsicht:
>
> ‘Eine Handlung kann nur dann mit einer Strafe belegt werden, wenn diese Strafe gesetzlich bestimmt war, bevor die Handlung begangen wurde.’
>
> Ohne Gesetz soll es kein Verbrechen geben (nullum crimen sine lege) und die für das Verbrechen erkannte Strafe soll nur insoweit ausgesprochen werden dürfen, als sie gesetzlich bestimmt war, bevor die Handlung begangen wurde (nulla poena sine lege).
>
> Dieser Satz ist heute wenigstens teilweise verfassungsrechtlich sanktioniert. In dieser Hinsicht bestimmt Art.116 der Reichsverfassung von 1919:
>
> ‘Eine Handlung kann nur dann mit einer Strafe belegt werden, wenn die Strafbarkeit gesetzlich bestimmt war, bevor die Handlung begangen wurde.’
>
> § 2 Abs.1 StGB und Art.116 RVf. besagen nicht dasselbe. Während sich Art.116 RVf. damit begnügt, dass ‘die Strafbarkeit’ der Handlung gesetzlich bestimmt war, bevor die Handlung begangen wurde (nullum crimen sine lege), fordert § 2 Abs. 1

---

30 *Hellmuth Mayer*, 4. Jahresversammlung der Deutschen Strafrechtlichen Gesellschaft in Bamberg am 16. und 17. Oktober 1931, in: Der Gerichtssaal 101, 1932, S. 121 f.

31 *Edmund Mezger*, Strafrecht – Ein Lehrbuch, 3. unveränderte Aufl. 1949, S. 75 ff. Vgl. *Lothar Käckell*, Der Einfluss der neuen Reichsverfassung auf Straf- und Prozessrecht, in: ZStW 41, 1921, S. 684; *A. Mendelssohn-Bartholdy*, Das Strafgesetz, in: Aschrott / Kohlrausch (Hrsg.), Reform des Strafrechts, 1926, S. 35.

StGB, dass 'diese Strafe' (sc. die für die Handlung erkannt werden will) gesetzlich war, bevor die Handlung begangen wurde (nulla poena sine lege). Art.116 RVf. hat also nicht etwa den § 2 Abs.1 StGB aufgehoben, sondern – freilich nicht in seinem ganzen Umfange – verfassungsrechtlich bestätigt. Kraft Verfassungsrecht ist nunmehr festgelegt, dass keine Handlung, nachdem sie begangen worden ist, zur strafbaren Handlung, zum Verbrechen, gestempelt werden darf, während es verfassungsrechtlich zulässig wäre, die früher angedrohte Strafe nachträglich gesetzlich zu ändern oder von vornherein die Strafe richterlichem Ermessen zu überlassen.

Das Reichsgericht lässt leider in der Frage eine klare Stellungnahme vermissen. Besonders bedenklich ist E.V 56, 318: nach dieser soll § 2 Abs.1 StGB durch den engeren Art.11 RVf. aufgehoben sein und diese sichtliche Rechtsverschlechterung dazu führen, dass heute Strafgesetze mit unbestimmter Höchststrafe als zulässig zu erachten sind."

Mezger begründet den normativen Sinn und die Reichweite des Art. 116 WRV nicht nach dem subjektiven Gesetzgeberwillen, sondern nach dem unterschiedlichen Wortlaut von Art. 116 WRV und § 2 Abs. 1 StGB. Das unterscheidet sich grundsätzlich von der Ansicht der inhaltlichen Identität. Nach Mezger besteht das Gesetzlichkeitsprinzip in der Fassung des § 2 Abs. 1 StGB aus zwei Teilen: die Bestimmtheit des Verbrechens und die Bestimmtheit der Strafe. Er hat zudem gezeigt, dass Art. 116 WRV nur die Bestimmtheit des Verbrechens enthält. Daher fordert Art. 116 WRV als Grundsatz nulla poena sine lege nur die Bestimmtheit der Verbrechen und ihrer Strafbarkeit und verbietet es dem Gesetzgeber, die nicht strafbare und zulässige Handlung nachträglich als strafbar zu bestimmen. Aber es ist nicht klar, ob er es auch verbietet, dass der Gesetzgeber eine der strafbaren Handlung entsprechende Strafe nachträglich verschärft und der Strafrichter sie rückwirkend anwendet. Verfassungsrechtlich bestünde diese Möglichkeit. Die Meinung von Mezger ist sehr interessant, um das normativ-praktische Wesen des Art. 116 WRV objektiv zu analysieren.

6. Der Grundsatz nulla poena sine lege nach dem Zweiten Weltkrieg

Oben wurden die Entstehungsgeschichte des Art. 116 WRV, die Rechtsprechung des Reichsgerichts und die Ansichten in der zeitgeschichtlichen Strafrechtslehre über ihn dargestellt und analysiert. Kann man nach dieser Analyse behaupten, die Auffassung, der Grundsatz nulla poena sine lege im § 2 Abs. 1 StGB 1871 habe so lange gegolten, bis er mit der nationalsozialistischen Gesetzgebung vom 29. März 1933, der sog. lex van der Lubbe, aufgehoben worden sei, sei ungenau? Die lex van der Lubbe schrieb zwar ausdrücklich in § 1 vor, § 5 der Verordnung des Reichspräsidenten zum Schutz Volk und Staat vom 28. Februar 1933 (RGBlI S. 83) gelte auch für Taten, die in der Zeit zwischen dem

31. Januar und dem 28. Februar 1933 begangen worden waren. Daher kann nicht geleugnet werden, dass die lex van der Lubbe die Weichen vom Rechtsstaat zum Unrechtsstaat stellte und damit ein (erstes) Symbol für die nationalsozialistische Strafgesetzgebungen war. Aber damit auch die Frage der verfassungsrechtlichen Vereinbarkeit dieses Gesetzes mit der WRV zu beantworten, wäre vorschnell. Vielmehr kann die lex van der Lubbe als eines von mehreren konsequenten Ergebnissen einer kontinuierlichen Strafrechtsgeschichte angesehen werden, die ihr vorausging und sie überhaupt erst ermöglichte[32]. Vertritt man die Theorie, der deutsche Rechtsstaat und die liberal-rechtsstaatlichen Strafrechtsgrundsätze seien durch die faschistische Diktatur, ihre unrechtsstaatliche Strafgesetzgebung und die autoritären Strafjuristen im „Dritten Reich" aufgehoben und erst mit dem Reinigungsprozess nach dem Zweiten Weltkrieg wiederaufgebaut und regeneriert worden, verdeckt dies die geschichtliche Wahrheit. Ginge man davon aus, dass die theoretisch-praktischen Beziehungen zwischen dem nationalsozialistischen Strafrecht und dem Nachkriegsstrafrecht durchgehend unterbrochen waren, würde es sich verbieten, das vergangene und gegenwärtige Strafrecht in eine kontinuierliche Geschichte einzufügen und die Beziehungen der beiden noch genauer zu betrachten. Da es solche Verdeckungen und Verhinderungen geben kann, müssen die Strafrechtslehren und Strafgesetzgebungen vor und nach dem „Dritten Reich" noch kritisch analysiert werden.

Nach dem Ende des Zweiten Weltkriegs und dem Zusammenbruch der nationalsozialistischen Gewaltherrschaft wurde zwar die lex van der Lubbe durch den Art. 2 des Kontrollratsgesetzes Nr. 11 von 1946 aufgehoben. § 2 Abs. 1 StGB, der 1935 reformiert wurde und die analoge Anwendung der Strafgesetze ermöglichte, wurde durch Art. 1 des Kontrollratsgesetz Nr. 11 aufgehoben. Aber das Kontrollratsgesetz hat einerseits gesetzliches Unrecht im „Dritten Reich" beseitigt, andererseits die alte Fassung des § 2 Abs. 1 StGB vor der Reform von 1935 nicht wieder eingeführt[33]. § 2 Abs. 1 StGB war damit lückenhaft. In der Bundesrepublik Deutschland wurde der Grundsatz nulla poene sine lege erst durch Artikel 102 Abs. 2 wiedereingeführt. Es war dann das Dritte Strafrechtsänderungsgesetz von 1953, das den Grundsatz nulla poena sine lege in § 2 Abs. 1 StGB wieder eingeführt hat. Aber auch diese beiden Vorschriften waren mit Art. 116 WRV formell fast identisch. Damit könnte sich das Problem,

---

32 *Naucke* (Fn.6), a.a.O., S. 283.

33 Art. 4 des Kontrollratsgesetzes Nr.11, Aufhebung einzelner Bestimmungen des deutschen Strafrechts, vom 30.Januar 1946 lautet: „Die Aufhebung der … bezeichneten Vorschriften und Bestimmungen setzt frühere Gesetze, die durch die hierdurch aufgehobenen Vorschriften und Bestimmungen aufgehoben worden sind, nicht wieder in Kraft".

auf das Heinze und Düringer bereits mit ihrem Verfassungsentwurf des Weimarer Verfassungsausschusses hingewiesen haben, auch im Grundgesetz und im Strafgesetzbuch nach dem Zweiten Weltkrieg verstecken. Das rechtsstaatliche Strafrecht wäre in der politischen Verwandlung zerbrechlich geblieben. Hans Welzel hat die theoretische Situation des Grundsatzes nulla poena sine lege in der Bundesrepublik Deutschland in seinem Strafrechtslehrbuch offen angesprochen[34].

> „Während der Grundsatz nullum crimen sine lege die gesetzliche Bestimmung der Strafbarkeit fordert – also auch absolut unbestimmte Strafdrohungen zulässt –, geht der Satz nulla poena sine lege darüber hinaus und verlangt auch gesetzliche Bestimmtheit der Verbrechsfolge, d.h. nach Art und Rahmen mindestens relativ bestimmte Strafdrohungen. Art. 103 Abs. 1 GG. (wie schon Art.116 Weim. Verf.) umkleidet den ersten Grundsatz mit der erhöhten verfassungsrechtlichen Garantie: 'Eine Tat kann nur bestraft werden, wenn die Strafbarkeit gesetzlich bestimmt war, bevor die Tat begangen wurde', So nun auch die gegenwärtige Fassung des § 2 nach dem 3.StÄG.
>
> Eine gesetzlich nicht einmal relativ – durch Art und Strafrahmen – bestimmte Strafe, wie sie § 27 Ziff. 1 in der Fassung vom 6.2.24 in Gestalt der Geldstrafe von unbeschränkter Höhe vorsieht, war und ist darum verfassungsrechtlich zulässig: RG.56 318. Relativ unbestimmte Strafdrohungen finden sich in § 19 JGG.
>
> Die Väter des GG beabsichtigten allerdings keine Änderung gegenüber der ursprünglichen Fassung des § 2, so dass in Art. 103 Abs. 2 GG die Bestimmtheit der Strafbarkeit, die der Strafe mitumfassen sollte (BVerG. Beschluss vom 26.2.1969; BVerGE.25, 295). Dennoch nimmt die h. L. an, dass die Androhung einer Geldstrafe in unbestimmter Höhe mit Art. 103 Abs. 2 vereinbar sei! BGH. 3,262; Schwarz-Dreher, § 2, 1Bc; Maurach AT § 62 B2; nach BGH. 13, 190 soll sogar die Androhung 'jeder gesetzlich zulässigen Strafe' (außer der Todesstrafe) hinreichend bestimmt sein – m.E. eine völlige Aushöhlung des Begriffes der gesetzlichen Bestimmtheit!“

Mehr Erläuterung bedarf es dazu nicht. Das Bundesverfassungsgericht hat zwar beschlossen, dass Art. 103 Abs. 2 GG die Voraussetzungen bestimmt, unter denen ein Verhalten für strafbar erklärt werden kann, und er sowohl die rückwirkende Strafbegründung wie die rückwirkende Strafschärfung verbietet[35]; es besteht aber das Problem in der Bundesrepublik Deutschland weiterhin, dass über den normativ-praktischen Sinn und den Anwendungsbereich des Art. 116 WRV nicht ausreichend diskutiert wurde, insofern man den Art. 103 Abs. 2 GG auslegen kann wie Welzel. In der Bundesrepublik Deutschland ist es zu einem

---

34 *Hans Welzel*, Das Deutsche Strafrecht – Eine systematische Darstellung, 11. neubearbeitete und erweiterte Aufl., 1969, S. 19 f. Mezger hat in seinem Lehrbuch nach dem Zweiten Weltkrieg geschrieben, dass Art. 103 Abs. 2 GG das Verbot der rückwirkenden Bestrafung fordere und mit der alten Fassung des § 2 Abs. 1 StGB inhaltlich identisch sei: Mezger, Strafrecht 1, Allgemeiner Teil – Ein Studienbuch, 1952, S. 27 f.

35 BVerfGE 25, 269 ff., 286, Beschluss vom 26.2.1969 – 2 BvL 15/68, 2 BvL 23/68, BVerfGE 105, 135 ff., 153, 155 – Beschluss vom 20.3.2002, 2 BvR 794/95.

drastischen Zwischenfall wie der Reichstagsbrandstiftung nicht gekommen, der eine Umwandlung des politischen und sozialen Systems nach sich zog. Die relative Sicherheit des politischen und wirtschaftlichen Sozialsystems hat die Sicherheit der Strafgesetzesauslegung und ihrer Anwendung garantiert, und die rückwirkende Anwendung einer nachträglich verschärften Strafe war nicht nötig. Die „praktische Bedeutung" vom Art. 103 Abs. 2 GG und von § 1 StGB (§ 2 Abs. 1 StGB 1953) musste nicht getestet werden[36]. Aber die Frage muss erlaubt sein, ob nicht ein Stückchen Glut glimmt, das sich unter politisch ungünstigeren Rahmenbedingungen zu einem großen Feuer ausweiten kann.

7. Fazit

Mit der obigen geschichtlichen Skizze des Grundsatzes nulla poena sine lege hätte diese Betrachtung enden können. Die Bedeutung des Grundsatzes nulla poena sine lege wurde vor dem Hintergrund diskutiert und verstanden, dass seit moderner Zeit autonome Bürger als Rechtssubjekte dem von ihnen gewählten Gesetzgeber die Befugnis verleihen, nur ein klares Gesetz über Verbrechen und Strafe zu erlassen, um ihre persönlichen Freiheiten und Rechte gegen Verbrecher und willkürliche Rechtsanwender zu schützen. Dabei wurde zunächst nicht der Gesetzgeber als die Person angesehen, die ihre gesetzgebende Strafmacht dazu missbrauchen könnte, ein rückwirkend anwendbares Strafgesetz zu erlassen und bürgerliche Freiheit und Rechte zu gefährden. Die Gefahr von Willkür und Missbrauch wurde vielmehr beim Strafrichter erblickt. Daher musste der Grundsatz nulla poena sine lege rechtsnormativ immer auf ihn gerichtet werden. Aber es ist allgemein bekannt, dass nicht nur Strafrichter, sondern auch der Strafgesetzgeber seine Befugnisse im 20. Jahrhundert missbrauchte, indem er die rechtsstaatlichen Strafrechtsgrundsätze der jeweiligen politischen Macht unterordnete.

Die Nationalsozialisten „ergriffen" die politische Macht im Januar 1933 und konnten in der Folge auch die gesetzgebende Gewalt übernehmen. Schließlich bildeten der Führerwille und die nationalsozialistische Weltanschauung die einzige Rechtsidee und Rechtsquelle als entscheidendes Gesetzgebungs- und Rechtsanwendungskriterium. Um diesen selbst Gesetzeskraft zu verleihen, sie für die Auslegung der bestehenden Gesetze heranzuziehen und damit die Rechtsanwender zu binden, haben Rechtsphilosophen wie Carl Schmitt und Karl Larenz die

36 *Naucke* (Fn.6), a.a.O.,S. 290 f. Heute ist es „ganz herrschende Meinung" (*Gerhard Dannecker*, LK, 12. Aufl., Bd. 1, 2007, § 1 Rn. 400 mit Fußn. 1503, und Rn. 89 mit Fußn. 331), dass Art. 103 Abs. 2 GG und § 1 StGB jeweils mit „Strafbarkeit" auch „Strafe" meinen. Die alte Wortlautdifferenz besteht weiter, weil Art. 7 Abs. 1 S. 2 EMRK das Rückwirkungsverbot ausdrücklich auch auf die „angedrohte Strafe" bezieht.

Lehren vom konkreten Ordnungsdenken und die von den konkret-allgemeinen Begriffen entwickelt. Sie bezogen sich dabei auf Schlagworte aus dem Parteiprogramm der NSDAP, wie Volk, Rasse, Wesen, Einheit u.s.w., um sich selbst den Nationalsozialisten anzudienen. Als solche Strafrechtslehrer sind Dahm, Schaffstein und Henkel, aber auch Mezger, Welzel, Gallas und Sauer u.s.w. zu nennen, deren Strafrechtslehren sehr nationalsozialistisch geprägt waren. Materiell rechtswidriges Handeln wurde als Handeln gegen die deutsche nationalsozialistische Weltanschauung verstanden. Das Strafrecht sollte dazu dienen, die rechtliche Gesinnung aller Volksglieder zu stärken. Das deutsche Strafgesetzbuch von 1871 wurde nach Führerwillen und der nationalsozialistischen Weltanschauung ausgelegt und angewendet. Der Wille des ursprünglichen Gesetzgebers wurde bei den geltenden Strafgesetzen nicht mehr berücksichtigt. Ersetzt wurde dieser durch die „objektiven" Werte des Führerwillens und der nationalsozialistischen Weltanschauung, mit denen die sinnentleerten Strafgesetze aufgeladen wurden[37].

Nach der Reichstagsbrandstiftung war es der Führerwille gewesen, den Angeklagten Marinus van der Lubbe zum Tod zu verurteilen. Daran hinderte § 2 Abs. 1 StGB. Für den Führer mussten § 2 StGB und der an dessen Stelle gesetzte Art. 116 WRV überwunden werden. Um den Führerwillen in diesem Fall durchzusetzen, musste die nationalsozialistische Strafrechtsmethode nicht so fanatisch sein wie die Lehren vom konkreten Ordnungsdenken oder von den konkret-allgemeinen Begriffen. Das war in diesem Falle nicht einmal erforderlich. Allein die gesetzgebungstechnische Hilfe des Staatssekretärs im Reichsjustizministerium Franz Schlegelberger und die teleologische Begriffsbildungstheorie reichten aus. Hitler scheint die Strafjuristen als unflexible Gesetzformalisten oder Gesetzpositivisten angesehen und sie gehasst zu haben, aber sie waren in Wirklichkeit nicht so eigensinnig wie er dachte. Oetker, Nagler und von Weber, die die Gutachten zum Reichstagsbrandprozess unterzeichnet haben, waren den faschistischen Machthabern keineswegs unfreundlich gesinnt. Sie bereiteten vielmehr willfährig den Boden, um der neuen politischen Stimme in die Richterrobe zu verhelfen. Für diese drei prominenten Strafrechtswissenschaftler war es nicht schwierig, die

37 *Bernd Rüthers*, Die Ideologie des Nationalsozialismus in der Entwicklung des deutschen Rechts von 1933 bis 1945, S. 17 ff., *Heinz Wagner*, Das Strafrecht im Nationalsozialismus, S. 141 ff., *Wolfgang Naucke*, NS-Strafrecht als Teil einer längeren Entwicklungslinie im Strafrecht?, S. 233 ff., in: Franz Jürgen Säcker (Hrsg.), Recht und Rechtslehre im Nationalsozialismus, 1992.

praktische Möglichkeit im Art. 116 WRV zu finden, das nachträglich verschärfte Strafgesetz rückwirkend anzuwenden[38].

Wenn man sich diese geschichtliche Erfahrung vergegenwärtigt, wird umso deutlicher, dass der Satz nulla poena sine lege der Strafrechtsgrundsatz ist und sein muss, der stets nicht nur den Strafrichter, sondern auch den Strafgesetzgeber restriktiv binden muss, um ihre Strafmacht zu begrenzen. Er ist ein Kerngrundsatz des rechtsstaatlichen Strafrechts, den die Strafrechtsgeschichte auf manche harte Probe gestellt hat und der erst nach ausdauernden Bemühungen

---

38 Gutachten zum Reichstagsbrandprozess von *Friedrich August Oetker*, *Johannes Nagler* und *Helmuth von Weber*, in: Norbert Brieskorn, Paul Mikat, Daniela Müller und Dietmar Willoweit (Hrsg.), Vom mittelalterlichen Recht zur neuzeitlichen Rechtswissenschaft, Bedingungen, Wege und Probleme der europäischen Rechtsgeschichte, 1994, S. 452 ff.; verkleinerte Abbildung des Originals (aus Bundesarchiv, R 43 U/1514) bei *Manfred Seebode*, (wie Fußnote 5), Wiederabdruck in: Jahrbuch der juristischen Zeitgeschichte 3(2001/2002), 203 ff.

Die drei Gutachter haben geschrieben:

„Die Frage, ob eine rückwirkende Strafverschärfung nach der Reichsverfassung zu lässig oder nur auf Grund eines verfassungsändernden Gesetzes möglich ist, ist streitig. Nach § 2 Abs. 1 StGB kann nur die Strafe erkannt werden, welche nach Grund und Maß gesetzlich bestimmt war, bevor die Handlung begangen wurde, während Art. 116 R.V. nach seinem Wortlaut nur voraussetzt, dass die Tat z.B. ihrer Verübung überhaupt strafbedroht war. Ob die abweichende Fassung des Art. 116 R.V. eine sachliche Änderung in sich Schließen wollte, lässt sich nach den Protokollen der Nationalversammlung nicht eindeutig entscheiden. Das Reichsgericht hat sich öfter in diesem Sinn ausgesprochen. Insbesondere hat es in Bd. 56. Entsch. 1. Strafsachen auf S. 319 ausgeführt, dass Art. 116 R.V. nur die gesetzliche Festlegung der Möglichkeit einer Bestrafung erfordere, keineswegs aber zum Ausdruck bringe, dass das zur Zeit der Begehung der Tat geltende, eine bestimmte Strafart androhende Gesetz einen bestimmten Strafrahmen haben müsse. Freilich hat der Oberste Gerichtshof die Zulässigkeit einer rückwirkenden Strafverschärfung bisher noch nicht ausdrücklich bejaht. Er hat zu einer solchen Stellungnahme noch gar keine Gelegenheit gehabt. Es ist indessen anzunehmen, dass er in folgerichtiger Weiterentwicklung der bisher von ihm aufgestellten Prinzipien die rückwirkende Strafverschärfung auf Grund eines einfachen Gesetzes zu lassen muss, gestützt auf die Änderung der Fassung die Art. 116 R.V. gegenüber § 2 Abs. 1 StGB bringt und die auch nach unserer Ansicht auf eine inhaltliche Verschiedenheit der beiden genannten Gesetze zu schließen zwingt, dergestalt, dass Art. 116 R.V. sich nur mit dem ‘Ob’ der Bestrafung, § 2 Abs. 1 StGB dagegen sowohl mit dem ‘Ob’ wie mit dem ‘Wie’ der Bestrafung befasst.

Im praktischen Ergebnis lauft die Differenzierung darauf hinaus, dass es zur nachträglichen Strafbarerklärung einer z. Zt. der Begehung straflosen Handlung eines verfassungsändernden Gesetzes, hingegen zur nachträglichen Veränderung des zur Verfügung stehenden Strafrahmens lediglich eines einfachen Gesetzes bedarf."

Es war in der Absicht der Weimarer Nationalversammlung klar, dass der Art. 116 WRV vom § 2 Abs. 1 StGB nicht abweicht und keine sachliche Änderung einschließt. Aber für konformistische Strafjuristen war es offensichtlich nicht schwierig, Art. 116 WRV abweichend von der Gesetzgebers Absicht auszulegen.

um bürgerliche Freiheiten und Rechte errungen wurde. Er muss durch ständiger Bemühung erhalten werden.

Die Strafrechtsgeschichte soll erforscht werden, um nicht nur die strafrechtlichen Ergebnisse vergangener Zeiten zu erkennen, sondern auch die gegenwärtige Situation der bürgerlichen Freiheiten und Rechte im modernen Strafrecht ans Licht zu bringen und dann auf ihre zukünftige Entwicklung zu blicken. In diesem Sinne muss die Strafrechtsgeschichte, insbesondere die Geschichte des Grundsatzes nulla poena sine lege, noch kritischer erforscht werden.

Verzeichnis der Erstabdrucke

100 Jahre japanisches Strafgesetzbuch, in: Journal der Juristischen Zeitgeschichte 2 (2008), S. 110–113.

Die Überwindung der Moderne im Strafrecht – Entstehung, Entwicklung und Schicksal der japanischen Rechtslogik vor dem Zweiten Weltkrieg, in: Journal der Juristischen Zeitgeschichte 4 (2010), S. 10–16.

Zur Methode und zum Gegenstand des Geschichtsverständnis im japanischen Strafrecht, in: Jahrbuch der Juristischen Zeitgeschichte 16 (2015), S. 25–40 (jap. Erstabdruck in: Ritsumeikan Law Review. International Edition Nr. 32 Juni 2015, S. 1–14.)

Ein Dialog mit der Vergangenheit des japanischen Strafrechts, in: Jahrbuch der Juristischen Zeitgeschichte 17 (2016), S. 237–248. (jap. Erstabdruck in: Ritsumeikan Law Review. International Edition Nr. 33 June 2016, S. 1–11.)

Die geschichtliche Entwicklung des Strafrechtsgedankens vom Neukantianismus zum Neuhegelianismus – Weiterführender Dialog mit der Vergangenheit des japanischen Strafrechts, in: Journal der Juristischen Zeitgeschichte 12 (2018), S.47–54. (jap. Erstabdruck in: Ritsumeikan Law Review. International Edition Nr. 34 June 2017, S. 17–30.)

Zur Entstehung des rechtsphilosophischen Universalismus im japanischen Strafrecht, in: Jahrbuch der juristischen Zeitgeschichte 19 (2018), S. 65–89 (jap. Erstabdruck in: Ritsumeikan Law Review. International Edition Nr. 36 June 2018, S. 23–44).

Rechtslogik der Rückwirkung nachträglich verschärfter Strafgesetze, in: Hendrik Schneider, Michael Kahlo, Diethelm Klesczewski, Heribert Schumann (Hrsg.), Festschrift für Manfred Seebode zum 70. Geburtstag am 15. September 2008. Berlin (De Gruyter) 2008, S. 15–36.

Die deutschen Übersetzungen erfolgten mit Unterstützung von Sophia Müller (Frankfurt a.M.)

https://doi.org/10.1515/9783110684315-009

Juristische Zeitgeschichte

Herausgeber: Prof. Dr. Dr. Dr. h.c. Thomas Vormbaum, FernUniversität in Hagen

Abteilung 1: Allgemeine Reihe

1 *Thomas Vormbaum (Hrsg.):* Die Sozialdemokratie und die Entstehung des Bürgerlichen Gesetzbuchs. Quellen aus der sozialdemokratischen Partei und Presse (1997)
2 *Heiko Ahlbrecht:* Geschichte der völkerrechtlichen Strafgerichtsbarkeit im 20. Jahrhundert (1999)
3 *Dominik Westerkamp:* Pressefreiheit und Zensur im Sachsen des Vormärz (1999)
4 *Wolfgang Naucke:* Über die Zerbrechlichkeit des rechtsstaatlichen Strafrechts. Gesammelte Aufsätze zur Strafrechtsgeschichte (2000)
5 *Jörg Ernst August Waldow:* Der strafrechtliche Ehrenschutz in der NS-Zeit (2000)
6 *Bernhard Diestelkamp:* Rechtsgeschichte als Zeitgeschichte. Beiträge zur Rechtsgeschichte des 20. Jahrhunderts (2001)
7 *Michael Damnitz:* Bürgerliches Recht zwischen Staat und Kirche. Mitwirkung der Zentrumspartei am Bürgerlichen Gesetzbuch (2001)
8 *Massimo Nobili:* Die freie richterliche Überzeugungsbildung. Reformdiskussion und Gesetzgebung in Italien, Frankreich und Deutschland seit dem Ausgang des 18. Jahrhunderts (2001)
9 *Diemut Majer:* Nationalsozialismus im Lichte der Juristischen Zeitgeschichte (2002)
10 *Bianca Vieregge:* Die Gerichtsbarkeit einer „Elite". Nationalsozialistische Rechtsprechung am Beispiel der SS- und Polizeigerichtsbarkeit (2002)
11 *Norbert Berthold Wagner:* Die deutschen Schutzgebiete (2002)
12 *Miloš Vec:* Die Spur des Täters. Methoden der Identifikation in der Kriminalistik (1879–1933), (2002)
13 *Christian Amann:* Ordentliche Jugendgerichtsbarkeit und Justizalltag im OLG-Bezirk Hamm von 1939 bis 1945 (2003)
14 *Günter Gribbohm:* Das Reichskriegsgericht (2004)
15 *Martin M. Arnold:* Pressefreiheit und Zensur im Baden des Vormärz. Im Spannungsfeld zwischen Bundestreue und Liberalismus (2003)
16 *Ettore Dezza:* Beiträge zur Geschichte des modernen italienischen Strafrechts (2004)
17 *Thomas Vormbaum (Hrsg.):* „Euthanasie" vor Gericht. Die Anklageschrift des Generalstaatsanwalts beim OLG Frankfurt/M. gegen Werner Heyde u. a. vom 22. Mai 1962 (2005)
18 *Kai Cornelius:* Vom spurlosen Verschwindenlassen zur Benachrichtigungspflicht bei Festnahmen (2006)
19 *Kristina Brümmer-Pauly:* Desertion im Recht des Nationalsozialismus (2006)
20 *Hanns-Jürgen Wiegand:* Direktdemokratische Elemente in der deutschen Verfassungsgeschichte (2006)
21 *Hans-Peter Marutschke (Hrsg.):* Beiträge zur modernen japanischen Rechtsgeschichte (2006)
22 *Katrin Stoll:* Die Herstellung der Wahrheit (2011)

23 *Thorsten Kurtz:* Das Oberste Rückerstattungsgericht in Herford (2014)
24 *Sebastian Schermaul:* Die Umsetzung der Karlsbader Beschlüsse an der Universität Leipzig 1819–1848 (2013)
25 *Minoru Honda:* Beiträge zur Geschichte des japanischen Strafrechts (2020)

Abteilung 2: Forum Juristische Zeitgeschichte

1 *Franz-Josef Düwell / Thomas Vormbaum (Hrsg.):* Themen juristischer Zeitgeschichte (1) – Schwerpunktthema: Recht und Nationalsozialismus (1998)
2 *Karl-Heinz Keldungs:* Das Sondergericht Duisburg 1943–1945 (1998)
3 *Franz-Josef Düwell / Thomas Vormbaum (Hrsg.):* Themen juristischer Zeitgeschichte (2) – Schwerpunktthema: Recht und Juristen in der Revolution von 1848/49 (1998)
4 *Thomas Vormbaum:* Beiträge zur juristischen Zeitgeschichte (1999)
5 *Franz-Josef Düwell / Thomas Vormbaum:* Themen juristischer Zeitgeschichte (3), (1999)
6 *Thomas Vormbaum (Hrsg.):* Themen juristischer Zeitgeschichte (4), (2000)
7 *Frank Roeser:* Das Sondergericht Essen 1942–1945 (2000)
8 *Heinz Müller-Dietz:* Recht und Nationalsozialismus – Gesammelte Beiträge (2000)
9 *Franz-Josef Düwell (Hrsg.):* Licht und Schatten. Der 9. November in der deutschen Geschichte und Rechtsgeschichte – Symposium der Arnold-Freymuth-Gesellschaft, Hamm (2000)
10 *Bernd-Rüdiger Kern / Klaus-Peter Schroeder (Hrsg.):* Eduard von Simson (1810–1899). „Chorführer der Deutschen“ und erster Präsident des Reichsgerichts (2001)
11 *Norbert Haase / Bert Pampel (Hrsg.):* Die Waldheimer „Prozesse“ – fünfzig Jahre danach. Dokumentation der Tagung der Stiftung Sächsische Gedenkstätten am 28. und 29. September in Waldheim (2001)
12 *Wolfgang Form (Hrsg.):* Literatur- und Urteilsverzeichnis zum politischen NS-Strafrecht (2001)
13 *Sabine Hain:* Die Individualverfassungsbeschwerde nach Bundesrecht (2002)
14 *Gerhard Pauli / Thomas Vormbaum (Hrsg.):* Justiz und Nationalsozialismus – Kontinuität und Diskontinuität. Fachtagung in der Justizakademie des Landes NRW, Recklinghausen, am 19. und 20. November 2001 (2003)
15 *Mario Da Passano (Hrsg.):* Europäische Strafkolonien im 19. Jahrhundert. Internationaler Kongreß des Dipartimento di Storia der Universität Sassari und des Parco nazionale di Asinara, Porto Torres, 25. Mai 2001 (2006)
16 *Sylvia Kesper-Biermann / Petra Overath (Hrsg.):* Die Internationalisierung von Strafrechtswissenschaft und Kriminalpolitik (1870–1930). Deutschland im Vergleich (2007)
17 *Hermann Weber (Hrsg.):* Literatur, Recht und Musik. Tagung im Nordkolleg Rendsburg vom 16. bis 18. September 2005 (2007)
18 *Hermann Weber (Hrsg.):* Literatur, Recht und (bildende) Kunst. Tagung im Nordkolleg Rendsburg vom 21. bis 23. September 2007 (2008)
19 *Francisco Muñoz Conde / Thomas Vormbaum (Hrsg.):* Transformation von Diktaturen in Demokratien und Aufarbeitung der Vergangenheit (2010)
20 *Kirsten Scheiwe / Johanna Krawietz* (Hrsg.): (K)Eine Arbeit wie jede andere? Die Regulierung von Arbeit im Privathaushalt (2014)

Abteilung 3: Beiträge zur modernen deutschen Strafgesetzgebung. Materialien zu einem historischen Kommentar

22 *Ilya Hartmann:* Prostitution, Kuppelei, Zuhälterei. Reformdiskussion und Gesetzgebung seit 1870 (2006)
23 *Ralf Seemann:* Strafbare Vereitelung von Gläubigerrechten (§§ 283 ff., 288 StGB). Reformdiskussion und Gesetzgebung seit 1870 (2006)
24 *Andrea Hartmann:* Majestätsbeleidigung (§§ 94 ff. StGB a.F.) und Verunglimpfung des Staatsoberhauptes (§ 90 StGB). Reformdiskussion und Gesetzgebung seit dem 19. Jahrhundert (2006)
25 *Christina Rampf:* Hausfriedensbruch (§ 123 StGB). Reformdiskussion und Gesetzgebung seit 1870 (2006)
26 *Christian Schäfer:* „Widernatürliche Unzucht" (§§ 175, 175a, 175b, 182, a.F. StGB). Reformdiskussion und Gesetzgebung seit 1945 (2006)
27 *Kathrin Rentrop:* Untreue und Unterschlagung (§§ 266 und 246 StGB). Reformdiskussion und Gesetzgebung seit dem 19. Jahrhundert (2007)
28 *Martin Asholt:* Straßenverkehrsstrafrecht. Reformdiskussion und Gesetzgebung seit dem Ausgang des 19. Jahrhunderts (2007)
29 *Katharina Linka:* Mord und Totschlag (§§ 211–213 StGB). Reformdiskussion und Gesetzgebung seit 1870 (2008)
30 *Juliane Sophia Dettmar:* Legalität und Opportunität im Strafprozess. Reformdiskussion und Gesetzgebung von 1877 bis 1933 (2008)
31 *Jürgen Durynek:* Korruptionsdelikte (§§ 331 ff. StGB). Reformdiskussion und Gesetzgebung seit dem 19. Jahrhundert (2008)
32 *Judith Weber:* Das sächsische Strafrecht im 19. Jahrhundert bis zum Reichsstrafgesetzbuch (2009)
33 *Denis Matthies:* Exemplifikationen und Regelbeispiele. Eine Untersuchung zum 100-jährigen Beitrag von Adolf Wach zur „Legislativen Technik" (2009)
34 *Benedikt Rohrßen:* Von der „Anreizung zum Klassenkampf" zur „Volksverhetzung" (§ 130 StGB). Reformdiskussion und Gesetzgebung seit dem 19. Jahrhundert (2009)
35 *Friederike Goltsche:* Der Entwurf eines Allgemeinen Deutschen Strafgesetzbuches von 1922 (Entwurf Radbruch) (2010)
36 *Tarig Elobied:* Die Entwicklung des Strafbefehlsverfahrens von 1846 bis in die Gegenwart (2010)
37 *Christina Müting:* Sexuelle Nötigung; Vergewaltigung (§ 177 StGB) (2010)
38 *Nadeschda Wilkitzki:* Entstehung des Gesetzes über Internationale Rechtshilfe in Strafsachen (IRG) (2010)
39 *André Brambring:* Kindestötung (§ 217 a.F. StGB). Reformdiskussion und Gesetzgebung seit 1870 (2010)
40 *Wilhelm Rettler:* Der strafrechtliche Schutz des sozialistischen Eigentums in der DDR (2010)
41 *Yvonne Hötzel:* Debatten um die Todesstrafe in der Bundesrepublik Deutschland von 1949 bis 1990 (2010)
42 *Dagmar Kolbe:* Strafbarkeit im Vorfeld und im Umfeld der Teilnahme (§§ 88a, 110, 111, 130a und 140 StGB). Reformdiskussion und Gesetzgebung seit dem 19. Jahrhundert (2011)
43 *Sami Bdeiwi:* Beischlaf zwischen Verwandten (§ 173 StGB). Reform und Gesetzgebung seit 1870 (2014)
44 *Michaela Arnold:* Verfall, Einziehung und Unbrauchbarmachung (§§ 73 bis 76a StGB). Reformdiskussion und Gesetzgebung seit dem 19. Jahrhundert (2015)

45 *Andrea Schurig:* „Republikflucht" (§§ 213, 214 StGB/DDR). Gesetzgeberische Entwicklung, Einfluss des MfS und Gerichtspraxis am Beispiel von Sachsen (2016)
46 *Sandra Knaudt:* Das Strafrecht im Großherzogtum Hessen im 19. Jahrhundert bis zum Reichsstrafgesetzbuch (2017)
47 *Michael Rudlof:* Das Gesetz zur Strafbarkeit der geschäftsmäßigen Förderung der Selbsttötung (§ 217 StGB nF.) (2018)
48 *Karl Müller:* Steuerhinterziehung (§§ 370, 371 AO). Gesetzgebung und Reformdiskussion seit dem 19. Jahrhundert (2018)
49 *Katharina Kühne:* Die Entwicklung des Internetstrafrechts unter besonderer Berücksichtigung der §§ 202a–202c StGB sowie § 303a und § 303b StGB (2018)
50 *Benedikt Beßmann:* Das Strafrecht des Herzogtums Braunschweig im 19. Jahrhundert bis zum Reichsstrafgesetzbuch (2019)
51 *Josef Roth:* Die Entwicklung des Weinstrafrechts seit 1871 (2020)

Abteilung 4: Leben und Werk. Biographien und Werkanalysen

1 *Mario A. Cattaneo:* Karl Grolmans strafrechtlicher Humanismus (1998)
2 *Gerit Thulfaut:* Kriminalpolitik und Strafrechtstheorie bei Edmund Mezger (2000)
3 *Adolf Laufs:* Persönlichkeit und Recht. Gesammelte Aufsätze (2001)
4 *Hanno Durth:* Der Kampf gegen das Unrecht. Gustav Radbruchs Theorie eines Kulturverfassungsrechts (2001)
5 *Volker Tausch:* Max Güde (1902–1984). Generalbundesanwalt und Rechtspolitiker (2002)
6 *Bernd Schmalhausen:* Josef Neuberger (1902–1977). Ein Leben für eine menschliche Justiz (2002)
7 *Wolf Christian von Arnswald:* Savigny als Strafrechtspraktiker. Ministerium für die Gesetzesrevision (1842–1848), (2003)
8 *Thilo Ramm:* Ferdinand Lassalle. Der Revolutionär und das Recht (2004)
9 *Martin D. Klein:* Demokratisches Denken bei Gustav Radbruch (2007)
10 *Francisco Muñoz Conde:* Edmund Mezger – Beiträge zu einem Juristenleben (2007)
11 *Whitney R. Harris:* Tyrannen vor Gericht. Das Verfahren gegen die deutschen Hauptkriegsverbrecher nach dem Zweiten Weltkrieg in Nürnberg 1945–1946 (2008)
12 *Eric Hilgendorf (Hrsg.):* Die deutschsprachige Strafrechtswissenschaft in Selbstdarstellungen (2010)
13 *Tamara Cipolla:* Friedrich Karl von Strombeck. Leben und Werk – Unter besonderer Berücksichtigung des Entwurfes eines Strafgesetzbuches für ein Norddeutsches Staatsgebiet (2010)
14 *Karoline Peters:* J.D.H. Temme und das preußische Strafverfahren in der Mitte des 19. Jahrhunderts (2010)
15 *Eric Hilgendorf (Hrsg.):* Die ausländische Strafrechtswissenschaft in Selbstdarstellungen. Die internationale Rezeption des deutschen Strafrechts (2019)
16 *Hannes Ludyga:* Otto Kahn-Freund (1900–1979). Ein Arbeitsrechtler in der Weimarer Zeit (2016)

17 *Rudolf Bastuck:* Rudolf Wassermann. Vision und Umsetzung einer inneren Justizreform (2020)

Abteilung 5: Juristisches Zeitgeschehen. Rechtspolitik und Justiz aus zeitgenössischer Perspektive

Mitherausgegeben von Gisela Friedrichsen („Der Spiegel") und RA Prof. Dr. Franz Salditt

1 *Diether Posser:* Anwalt im Kalten Krieg. Ein Stück deutscher Geschichte in politischen Prozessen 1951–1968. 3. Auflage (1999)
2 *Jörg Arnold (Hrsg.):* Strafrechtliche Auseinandersetzung mit Systemvergangenheit am Beispiel der DDR (2000)
3 *Thomas Vormbaum (Hrsg.):* Vichy vor Gericht: Der Papon-Prozeß (2000)
4 *Heiko Ahlbrecht / Kai Ambos (Hrsg.):* Der Fall Pinochet(s). Auslieferung wegen staatsverstärkter Kriminalität? (1999)
5 *Oliver Franz:* Ausgehverbot für Jugendliche („Juvenile Curfew") in den USA. Reformdiskussion und Gesetzgebung seit dem 19. Jahrhundert (2000)
6 *Gabriele Zwiehoff (Hrsg.):* „Großer Lauschangriff". Die Entstehung des Gesetzes zur Änderung des Grundgesetzes vom 26. März 1998 und des Gesetzes zur Änderung der Strafprozeßordnung vom 4. Mai 1998 in der Presseberichterstattung 1997/98 (2000)
7 *Mario A. Cattaneo:* Strafrechtstotalitarismus. Terrorismus und Willkür (2001)
8 *Gisela Friedrichsen / Gerhard Mauz:* Er oder sie? Der Strafprozeß Böttcher/Weimar. Prozeßberichte 1987 bis 1999 (2001)
9 *Heribert Prantl / Thomas Vormbaum (Hrsg.):* Juristisches Zeitgeschehen 2000 in der Süddeutschen Zeitung (2001)
10 *Helmut Kreicker:* Art. 7 EMRK und die Gewalttaten an der deutsch-deutschen Grenze (2002)
11 *Heribert Prantl / Thomas Vormbaum (Hrsg.):* Juristisches Zeitgeschehen 2001 in der Süddeutschen Zeitung (2002)
12 *Henning Floto:* Der Rechtsstatus des Johanniterordens. Eine rechtsgeschichtliche und rechtsdogmatische Untersuchung zum Rechtsstatus der Balley Brandenburg des ritterlichen Ordens St. Johannis vom Spital zu Jerusalem (2003)
13 *Heribert Prantl / Thomas Vormbaum (Hrsg.):* Juristisches Zeitgeschehen 2002 in der Süddeutschen Zeitung (2003)
14 *Kai Ambos / Jörg Arnold (Hrsg.):* Der Irak-Krieg und das Völkerrecht (2004)
15 *Heribert Prantl / Thomas Vormbaum (Hrsg.)*: Juristisches Zeitgeschehen 2003 in der Süddeutschen Zeitung (2004)
16 *Sascha Rolf Lüder:* Völkerrechtliche Verantwortlichkeit bei Teilnahme an „Peace-keeping"-Missionen der Vereinten Nationen (2004)
17 *Heribert Prantl / Thomas Vormbaum (Hrsg.)*: Juristisches Zeitgeschehen 2004 in der Süddeutschen Zeitung (2005)
18 *Christian Haumann:* Die „gewichtende Arbeitsweise" der Finanzverwaltung. Eine Untersuchung über die Aufgabenerfüllung der Finanzverwaltung bei der Festsetzung der Veranlagungssteuern (2008)
19 *Asmerom Ogbamichael:* Das neue deutsche Geldwäscherecht (2011)

20 *Lars Chr. Barnewitz:* Die Entschädigung der Freimaurerlogen nach 1945 und nach 1989 (2011)
21 *Ralf Gnüchtel:* Jugendschutztatbestände im 13. Abschnitt des StGB (2013)
22 *Helmut Irmen:* Stasi und DDR-Militärjustiz. Der Einfluss des MfS auf Militärjustiz und Militärstrafvollzug in der DDR (2014)
23 *Pascal Johann:* Möglichkeiten und Grenzen des neuen Vermögenschabschöpfungsrechts. Eine Untersuchung zur vorläufigen Sicherstellung und der Einziehung von Vermögen unklarer Herkunft (2019)
24 *Zekai Dağaşan:* Das Ansehen des Staates im türkischen und deutschen Strafrecht (2015)
25 *Camilla Bertheau:* Politisch unwürdig? Entschädigung von Kommunisten für nationalsozialistische Gewaltmaßnahmen. Bundesdeutsche Gesetzgebung und Rechtsprechung der 50er Jahre (2016)

Abteilung 6: Recht in der Kunst

Mitherausgegeben von Prof. Dr. Gunter Reiß

1 *Heinz Müller-Dietz:* Recht und Kriminalität im literarischen Widerschein. Gesammelte Aufsätze (1999)
2 *Klaus Lüderssen (Hrsg.):* »Die wahre Liberalität ist Anerkennung«. Goethe und die Juris prudenz (1999)
3 *Bertolt Brecht:* Die Dreigroschenoper (1928) / Dreigroschenroman (1934). Mit Kommentaren von Iring Fetscher und Bodo Plachta (2001)
4 *Annette von Droste-Hülshoff:* Die Judenbuche (1842) / Die Vergeltung (1841). Mit Kommentaren von Heinz Holzhauer und Winfried Woesler (2000)
5 *Theodor Fontane:* Unterm Birnbaum (1885). Mit Kommentaren von Hugo Aust und Klaus Lüderssen (2001)
6 *Heinrich von Kleist:* Michael Kohlhaas (1810). Mit Kommentaren von Wolfgang Naucke und Joachim Linder (2000)
7 *Anja Sya:* Literatur und juristisches Erkenntnisinteresse. Joachim Maass' Roman „Der Fall Gouffé" und sein Verhältnis zu der historischen Vorlage (2001)
8 *Heiner Mückenberger:* Theodor Storm – Dichter und Richter. Eine rechtsgeschichtliche Lebensbeschreibung (2001)
9 *Hermann Weber (Hrsg.):* Annäherung an das Thema „Recht und Literatur". Recht, Literatur und Kunst in der NJW (1), (2002)
10 *Hermann Weber (Hrsg.):* Juristen als Dichter. Recht, Literatur und Kunst in der NJW (2), (2002)
11 *Hermann Weber (Hrsg.):* Prozesse und Rechtsstreitigkeiten um Recht, Literatur und Kunst. Recht, Literatur und Kunst in der NJW (3), (2002)
12 *Klaus Lüderssen:* Produktive Spiegelungen. 2., erweiterte Auflage (2002)
13 *Lion Feuchtwanger:* Erfolg. Drei Jahre Geschichte einer Provinz. Roman (1929). Mit Kommentaren von Theo Rasehorn und Ernst Ribbat (2002)
14 *Jakob Wassermann:* Der Fall Maurizius. Roman (1928). Mit Kommentaren von Thomas Vormbaum und Regina Schäfer (2003)
15 *Hermann Weber (Hrsg.):* Recht, Staat und Politik im Bild der Dichtung. Recht, Literatur und Kunst in der Neuen Juristischen Wochenschrift (4), (2003)

16 *Hermann Weber (Hrsg.):* Reale und fiktive Kriminalfälle als Gegenstand der Literatur. Recht, Literatur und Kunst in der Neuen Juristischen Wochenschrift (5), (2003)
17 *Karl Kraus:* Sittlichkeit und Kriminalität. (1908). Mit Kommentaren von Helmut Arntzen und Heinz Müller-Dietz (2004)
18 *Hermann Weber (Hrsg.):* Dichter als Juristen. Recht, Literatur und Kunst in der Neuen Juristischen Wochenschrift (6), (2004)
19 *Hermann Weber (Hrsg.):* Recht und Juristen im Bild der Literatur. Recht, Literatur und Kunst in der Neuen Juristischen Wochenschrift (7), (2005)
20 *Heinrich von Kleist:* Der zerbrochne Krug. Ein Lustspiel (1811). Mit Kommentaren von Michael Walter und Regina Schäfer (2005)
21 *Francisco Muñoz Conde / Marta Muñoz Aunión:* „Das Urteil von Nürnberg". Juristischer und filmwissenschaftlicher Kommentar zum Film von Stanley Kramer (1961), (2006)
22 *Fjodor Dostojewski:* Aufzeichnungen aus einem Totenhaus (1860). Mit Kommentaren von Heinz Müller-Dietz und Dunja Brötz (2005)
23 *Thomas Vormbaum (Hrsg.):* Anton Matthias Sprickmann. Dichter und Jurist. Mit Kommentaren von Walter Gödden, Jörg Löffler und Thomas Vormbaum (2006)
24 *Friedrich Schiller:* Verbrecher aus Infamie (1786). Mit Kommentaren von Heinz Müller-Dietz und Martin Huber (2006)
25 *Franz Kafka:* Der Proceß. Roman (1925). Mit Kommentaren von Detlef Kremer und Jörg Tenckhoff (2006)
26 *Heinrich Heine:* Deutschland. Ein Wintermährchen. Geschrieben im Januar 1844. Mit Kommentaren von Winfried Woesler und Thomas Vormbaum (2006)
27 *Thomas Vormbaum (Hrsg.):* Recht, Rechtswissenschaft und Juristen im Werk Heinrich Heines (2006)
28 *Heinz Müller-Dietz:* Recht und Kriminalität in literarischen Spiegelungen (2007)
29 *Alexander Puschkin:* Pique Dame (1834). Mit Kommentaren von Barbara Aufschnaiter/Dunja Brötz und Friedrich-Christian Schroeder (2007)
30 *Georg Büchner:* Danton's Tod. Dramatische Bilder aus Frankreichs Schreckensherrschaft. Mit Kommentaren von Sven Kramer und Bodo Pieroth (2007)
31 *Daniel Halft:* Die Szene wird zum Tribunal! Eine Studie zu den Beziehungen von Recht und Literatur am Beispiel des Schauspiels „Cyankali" von Friedrich Wolf (2007)
32 *Erich Wulffen:* Kriminalpsychologie und Psychopathologie in Schillers Räubern (1907). Herausgegeben von Jürgen Seul (2007)
33 *Klaus Lüderssen:* Produktive Spiegelungen: Recht in Literatur, Theater und Film. Band II (2007)
34 *Albert Camus:* Der Fall. Roman (1956). Mit Kommentaren von Brigitte Sändig und Sven Grotendiek (2008)
35 *Thomas Vormbaum (Hrsg.):* Pest, Folter und Schandsäule. Der Mailänder Prozess wegen „Pestschmierereien" in Rechtskritik und Literatur. Mit Kommentaren von Ezequiel Malarino und Helmut C. Jacobs (2008)
36 *E.T.A. Hoffmann:* Das Fräulein von Scuderi – Erzählung aus dem Zeitalter Ludwigs des Vierzehnten (1819). Mit Kommentaren von Heinz Müller-Dietz und Marion Bönnighausen (2010)
37 *Leonardo Sciascia:* Der Tag der Eule. Mit Kommentaren von Gisela Schlüter und Daniele Negri (2010)

38 *Franz Werfel:* Eine blaßblaue Frauenschrift. Novelle (1941). Mit Kommentaren von Matthias Pape und Wilhelm Brauneder (2011)
39 *Thomas Mann:* Das Gesetz. Novelle (1944). Mit Kommentaren von Volker Ladenthin und Thomas Vormbaum (2013)
40 *Theodor Storm:* Ein Doppelgänger. Novelle (1886) (2013)
41 *Dorothea Peters:* Der Kriminalrechtsfall ‚Kaspar Hauser' und seine Rezeption in Jakob Wassermanns Caspar-Hauser-Roman (2014)
42 *Jörg Schönert:* Kriminalität erzählen (2015)
43 *Klaus Lüderssen:* Produktive Spiegelungen. Recht im künstlerischen Kontext. Band 3 (2014)
44 *Franz Kafka:* In der Strafkolonie. Erzählung (1919) (2015)
45 *Heinz Müller-Dietz:* Recht und Kriminalität in literarischen Brechungen (2016)
46 *Hermann Weber (Hrsg.):* Das Recht als Rahmen für Literatur und Kunst. Tagung im Nordkolleg Rendsburg vom 4. bis 6. September 2015 (2017)
47 *Walter Müller-Seidel:* Rechtsdenken im literarischen Text. Deutsche Literatur von der Weimarer Klassik zur Weimarer Republik (2017)
48 *Honoré de Balzac:* Eine dunkle Geschichte. Roman (1841). Mit Kommentaren von Luigi Lacchè und Christian von Tschilschke (2018)
49 *Anja Schiemann:* Der Kriminalfall Woyzeck. Der historische Fall und Büchners Drama (2018)
50 *E.T.A. Hoffmann:* Meister Floh. Ein Mährchen in sieben Abentheuern zweier Freunde (1822). Mit Kommentaren von Michael Niehaus und Thomas Vormbaum (2018)
51 *Bodo Pieroth:* Deutsche Schriftsteller als angehende Juristen (2018)
52 *Theodor Fontane:* Grete Minde. Nach einer altmärkischen Chronik (1880). Mit Kommentaren von Anja Schiemann und Walter Zimorski (2018)
53 *Britta Lange / Martin Roeber / Christoph Schmitz-Scholemann (Hrsg.):* Grenzüberschreitungen: Recht, Normen, Literatur und Musik. Tagung im Nordkolleg Rendsburg vom 8. bis 10. September 2017 (2019)

Abteilung 7: Beiträge zur Anwaltsgeschichte

Mitherausgegeben von Gerhard Jungfer, Dr. Tilmann Krach und Prof. Dr. Hinrich Rüping

1 *Babette Tondorf:* Strafverteidigung in der Frühphase des reformierten Strafprozesses. Das Hochverratsverfahren gegen die badischen Aufständischen Gustav Struve und Karl Blind (1848/49), (2006)
2 *Hinrich Rüping:* Rechtsanwälte im Bezirk Celle während des Nationalsozialismus (2007)
3 *Dieter Finzel:* Geschichte der Rechtsanwaltskammer Hamm (2018)

Abteilung 8: Judaica

1 *Hannes Ludyga:* Philipp Auerbach (1906–1952). „Staatskommissar für rassisch, religiös und politisch Verfolgte" (2005)
2 *Thomas Vormbaum:* Der Judeneid im 19. Jahrhundert, vornehmlich in Preußen. Ein Beitrag zur juristischen Zeitgeschichte (2006)

Abteilung 9: Beiträge zur modernen Verfassungsgeschichte

FSC
www.fsc.org
MIX
Papier | Fördert gute Waldnutzung
FSC® C083411

Kolibri 360 GmbH
Ferdinand-Jühlke-Straße 7
99095 Erfurt, Deutschland
produktsicherheit@kolibri360.de